계획된 우연

계획된 우연

명리학이 건네는 위로

글 화탁지

다반

하려고 한 것이 아닌데,

그렇게 되어 버리는 것은 하늘의 뜻이요,

부르지 않았는데 이르는 것은 운명이다.

— 『맹자』 '만장' 편

어느 날 문득,
나는 각성했다

　왜 헤매는 것은 늘 나의 몫일까를 생각했다. 뿌연 안개가 끼어 있는 고속도로를 달리는 기분이었고, 우거진 숲속에서 길을 잃어버려 발이 푹푹 빠지는 늪을 만난 느낌이었다. 그렇다고 나를 제외한 타인들이 모두 각자의 길을 찾아 잘 가고 있다는 생각은 들지 않았다. 그들도 역시 나처럼 길을 잃었으나 그들은 헤매지 않을 뿐이었다. 그냥 걷던 그 길을 계속 걸으려는 관성에 길들여져 있었으니까. 나는 관성을 거스르고 싶었고, 안개를 걷어 내고 싶었다. 제자리에 머무르고 싶지 않았고, 남의 발자국을 따라 목적 없이 걷는 그런 길이 아닌 내 발자국을 내는 새로운 길을 가고 싶었다.

두 번째 직업으로 바꾼 후 7~8년이 될 무렵 나는 늘 다니던 길만 달리는 자동차가 되어 버렸다. 정해진 몇 개의 경로만 다니다 보니 내비게이션의 업데이트도 필요 없어진 그런 자동차 말이다. 새로운 경로를 검색할 때가 되었을 때야 비로소 그 내비게이션이 쓸모가 없음을 알아차렸다. 나는 길을 잃었다. 제자리에서 바퀴만 돌아가는 자동차처럼 공허한 회전만을 할 뿐이었다.

대부분 사람들이 말하는 현실의 생활이 팍팍하다는 것은 99%가 돈과 관련이 있다. 1%를 남겨 두는 것은 아무리 욕구로 이글거리는 육체를 가진 존재라 하더라도 돈이 주는 안락함만을 삶의 최우선 가치로 두는 것은 아닐 것이라는 희망사항을 담은 기대 때문이다. 하지만 내 계산법은 조금 달랐다. 내 삶이 팍팍했던 것의 60%는 돈 문제였다. 그렇다면 나머지는 뭐였을까?

첫 번째는 내 삶에 스스로가 '몰입'할 수 없기 때문이었다. 나를 잊고 빠져들 수 있는 것에 미치고 싶었다. 두 번째는 누르고 눌러도 사라지지 않는 '인정욕구' 때문이었다. 한번쯤은 내 인생에 흠뻑 빠져 오로지 나에게 충실하고 싶었고, 또 한 번쯤은 높게 높게 비상하고 싶었다. 세속적이기만

한 사람들이 호흡하는 탁한 공기 말고 그 위에 있는 공기를 마시기 위해서 썩은 동아줄이라도 타고 올라가고 싶었다.

❋ 운명처럼 다가온 우연

영어를 가르치던 시절, 교재를 사러 서점에 가면 발걸음의 끝은 늘 철학이나 심리서적 앞이었다. 그 앞에서 서성이는 것만으로도 내 영혼은 벅차올랐고 에너지를 충전받았다. 가만 보면 참으로 돈 안 되는 것들만 좋아했다. 태생적으로 가난하게 살 팔자였나 보다. 돈 좋아하고 비싼 거 좋아한다고 반드시 부자가 되는 것은 아니기에 내 이론이 맞는 건 아니다. 어쨌든 가볍고 쉬운 것들에는 그다지 매력을 느끼지 못했다. 물건이나 사람에 대한 소유욕도 별로 없는 걸 보면 땅에 발붙이고 살아야 하는 사람의 인생에는 그다지 관심이 없었나 보다.

그날 나를 이끈 것은 어떤 에너지였을까. 심리학자 칼 융의 책이 눈에 들어왔다. 내 영혼을 빨아들일 듯 흡입력이 강한 문구가 보였다.

"나의 생애는 무의식의 자기실현의 역사이다. 무의식에 있는 모든 것은 사건이 되고 밖의 현상으로 나타나며, 인격 또한 그 무의식적인 여러 조건에 근거하여 발전하며 스스로를 전체로서 체험하게 된다."

이 문구를 보면 아직도 가슴이 뛴다. 내 인생은 그 문구를 보기 전과 후로 나뉜다고 해도 과언이 아니다. 책을 사들고 집에 와서 열심히 탐독하지는 않았지만, 저 문구를 발견했다는 사실 하나만으로 뿌연 고속도로에서 섬광처럼 번뜩이는 이정표를 찾은 느낌이었다. 아직은 이정표에 적힌 목적지를 확인하지는 못했지만 말이다.

그 후로도 오랫동안 이정표의 목적지를 읽을 수는 없었다. 몇 억 광년 멀리에서 날아온 섬광인지는 모르겠지만 빛났던 순간 이후로 몇 년간은 그저 저 문구를 가슴에 품고 이웃집 대학생 오빠를 흠모하는 사춘기 소녀처럼 가슴앓이를 했다. '왜 이 문구를 보면 가슴이 뛸까? 그때는 몰랐다. 그것이 우주가 내게 보낸 신호라는 것을. 머리보다 심장이 먼저 반응하는 것, 그것이 우주가 보낸 신호가 아닐까 생각한다. 물론 순간적으로 뭔가에 훅하고 끌려서 반응하기도 하는 것이 심장이다. 그런 순간적인 떨림과 지속적인 오랜 떨림으로 다가오는 것을 구별하는 능력을 먼저 갖추어야 하는 것이 관건이긴 하다.

융을 만난 이후부터 생선의 배를 갈랐을 때 튀어나오는 내장들처럼 내 안에서 질문들이 쏟아져 나오기 시작했다. 심리학자 프로이트가 처음 만든 '무의식'이란 단어는 그 존재 자체만으로 나 같은 지적변태들에게는 심쿵을 유발하기 충분하다. 나 또한 내가 미처 파악하지 못한 내 자신에 대한 탐구를 광적으로 즐기던 시절이 있었다. 아주 어릴 적부터 나는 내가 궁금했다. 조금 특이하다는 말도 들었지만 자신에 대해 궁금해하지 않아 하는 그들이 내게는 더 특이해 보였다. 자신의 기준에선 타인은 모두 우주 밖의 존재들이니 어쩌면 너무나 당연한 이야기일 것이다. 아무튼 난 타인의 우주엔 관심이 없었고 오직 나의 우주만을 알고 싶었다.

가끔 내가 반으로 쫙 갈라지는 수박처럼 분리되는 순간을 경험할 때가 있다. 영혼은 너무나 자유롭고 이상적인데 육체는 세속적인 것들을 욕망했다. 그런 스스로를 '이중인격자'라든지 '정신분열자' 등으로 부르곤 했었다. 영혼과 육체가 일치하는 사람이 존재할 수 있을까 의심스럽지만, 만일 그런 사람이 있다면 그 사람은 영혼이 없는 사람이라고 말하고 싶다. 내 기준에서 그런 사람은 '영혼 마비자'이다. 영혼이 제 기능을 못 하는 것이다. 어떻게 영혼이 육체를 따라가나. 자존심도 없는 영혼이다. 그런 영혼은 있으나 마나 하다.

인생의 판도가 변할 것이라는 느낌은 강하게 드는데 어떤 식으로 올 것인지를 예측할 수 없을 때는 참으로 답답하다. 그것을 스스로 찾아야 하는 과정이 반드시 수반되기 때문에 한동안은 그 답을 찾기 위해 고군분투를 해야 한다. 그러한 과정이 바로 '성장'인 것이다. 정말 간절하게 무언가를 원해 본 사람은 그것을 얻었을 때 소중하게 다룰 줄 안다. 자신의 기도가 길어지고 고통스러울수록 보상으로 주어지는 대가의 가치는 높아질 수밖에 없기 때문이다. 내겐 그 기도의 답이 바로 명리학이었다.

피상적으로 보이는 기도의 시간은 불과 몇 년이었지만, 나는 아마 태어나는 순간부터 기도를 올리고 있었을지도 모른다. 나의 울음은 탯줄이 끊어짐과 동시에 우주와의 단절이 불러오는 불안을 감지했다는 신호였고 그에 따른 기도의 변형된 형태였을지도 모르겠다.

✳ '자신'이라는 미로를 헤매다

어린 시절에 본 만화영화에서 비구름을 이고 다니는 추장이 있었다. 추장의 머리 위에만 구름이 떠 있어 그에게만 비가 내리는 것이다. 우스꽝스럽기도 하고 안쓰러워 보이기도 했었는데, 명리 공부를 시작한 이후 내가 꼭 그 비구름 추장 같다는 생각이 들었다. 비구름*의 존재 이유에 대해서 명리적으로 이해하고 싶었다. 비구름이 걷히고 밝은 햇살이 비추길 기도하는 마음으로 공부했다.

그저 나를 알고 싶어서 시작한 순수한 의도였다. 의도한 대로 일이 진행되지 않을 수도 있다는 것을 알고 있었지만 목적성을 앞에 두긴 싫었다. 미로 속을 헤맬 때는 나가는 것이 목적일 뿐이지 나가서 무엇을 할 것인지를 상정하지는 않는다. 멀리 있는 목적성은 가까이에 있는 순수한 맹목성을 이기지 못한다. 나는 머리에 비구름을 이고 미로 속을 헤매는 자였다.

그 미로 속에서 수많은 사람들을 만났다. 나보다 더 세찬 비바람을 맞고 있는 사람들도 있었고 오히려 내가 길을 찾도록 도와주는 사람들도 있었다. 결국 미로 속의 사람들은 지나온 이정표들을 서로 일러 주며 정보를 교환하는 자들이었다. 알고서도 알려 주지 않으려는 비우호적인 자들도 분명 존재했다. 그런 사람들과 마주치지 않기를 바랄 수밖에 없는 일이지만 말이다.

* 나의 사주에는 계수(癸水)라는 글자가 있다. 신기하게도 이것은 흡사 비구름과 유사한 느낌을 주기도 한다. 유월(酉月: 양력 9월쯤)에 태어난 경금(庚金)에게는 햇살에 비유할 수 있는 병화(丙火)가 필요하다. 어쩌면 우리의 무의식에는 음양오행의 이치가 새겨져 있는 것은 아닐까.

2부 우연은 태어나기 이전에 이미 계획된 것들이다

1부

모든 일은
우연처럼 다가온다

✼ ✼✼

운명적 사랑이라면
면죄부를 받을 수 있나요?

　때로는 반복적으로 한 가지 사항만을 줄기차게 주입(주로 듣고 싶어 하는 이야기)하는 것 외에는 할 일이 없는 상담도 있다. 첫 손님이 그런 경우였다. 한 남자와의 얽힌 인연에 대해 들어 줄 사람을 찾아 헤매던 그녀와 인연이 닿았다. 그녀는 유부녀였으며 상대는 이혼남이라 이야기를 꺼내는데 상당히 조심스러웠다.

　나는 세상의 피상적인 관계들에는 그다지 관심이 없는 사람이다. 명리학에 기반해서 살피는 관계가 아니라면 불륜 아닌 불륜 할아버지가 와도 흥미를 느끼지 못한다. 그러나 명리적으로 연결된 사람들 간의 관계는 이전 생으로부터의 바통을 이어받아 꼬인 매듭을 풀어 가는 이인삼각 경기 같아 흥미롭다. 나 같은 지적변태에게는 더할 나위 없다.

그녀는 장황한 서두를 늘어놓았다. 자신의 행동에 대한 도덕적 비난을 회피하기 위한 장치임을 파악하는 것은 그리 어렵지 않았다.

"저는 원래 그런 사람이 아니에요."

그녀는 이 말을 반복함으로써 불륜에 빠진 것은 자신의 의지가 아니었음을 강조했다. 살다 보면 어느 순간, 전혀 자신답지 않은 일에 연루되는 경우가 있다. "그때 내가 미쳤었나 봐요." 또는 "잠깐 정신이 나갔나 봐요." 정도의 표현으로 대표되는 일들 말이다. 충분히 이해한다. 그러나 '나답다'라는 말의 정당성을 확보하지 못하는 한 그저 핑계로 들릴 수도 있는 말들이다.

아무튼 나는 그녀의 다소 '작위적인' 운명적 러브스토리를 들어 주는 일에 집중해야 했다. 명리적인 이유를 찾는 일은 흥미로웠지만 그 이외의 이야기들은 그다지 관심이 가지 않았다. 그녀의 말을 종합해 보자면, 자신은 그런 관계에 대해서는 생각해 본 적도, 원했던 적도 없었다고 한다. 0.000001%의 기대도 없었을까? 결혼생활에서 무감각해진 감정을 가끔은 잡고 흔들어 줄 매력적인 이성을 기대한 적이 정녕 꿈에서라도 없었단 말일까? 로맨틱한 영화에서 사랑에 빠지는 여배우의 몸속으로 들어가 현실을 잊고 정렬적인 키스를 받고 싶단 생각은?

그녀의 말대로라면 전혀 관심도 없던 상대에 의해 그녀는 마음이 홀린 격이다. 귀신에 홀린 건가? 이 경우에는 가능성이 전혀 없지 않았다.

"더 신기한 건 원래 그런 타입의 남자에게는 끌리지 않았었는데, 이 남자는 자꾸 신경이 쓰인다는 거죠. 헤어지려고 마음을 먹었는데 막상 얼굴을 보면 흔들려요. 애처로워 보이고 챙겨 주고 싶고… 근데 더 이상 지속하면 안 될 거 같고. 마음이 너무 혼란스러워요."

그녀는 자신의 인생이 지리멸렬해서 남자를 만나고 다니는 여자는 아니라고 주장하는 듯했다. 그녀가 듣고 싶어 하는 자신도 어쩔 수 없는 힘에 이끌려 만나게 되었다는 부분에 대한 명리적 정당성을 제시해 줄 차례가 되었다.

"두 분이 귀문관살*로 연결되어 있네요. 전생부터 어떤 인연이 이어져 온 거 같아요. 평소 자신이 끌려하지 않는 타입인데 끌리거나 만남을 지속하면서도 이런저런 사건 사고들이 많더라고요. 제일 중요한 건 그럼에도 불구하고 쉽게 인연이 끊어지지 않는다는 거예요."

"아 어쩐지… 몇 번 헤어지려고 했는데 만나자고 연락이 오면 또 나가게 되고, 그러다 여기까지 왔네요. 끝낼 수 있을까요?"

"끝내고 싶으세요?"

"끝내야죠."

나의 물음에 당황한 기색이다. 자신이 없는 것마냥 말끝을 흐렸다.

"머릿속으로 아무리 맹세해도 영혼이 서로 얽혀 있어서 쉽진 않을 거예요. 서로 좋게만 만나면 문제가 없겠지만, 그게 안 돼서 힘들걸요."

내가 걱정스러운 듯 이야기를 하니 더럭 겁을 먹은 눈치다.

"안 좋게 되나요? 혹시 가족들이 알게 되나요?"

"집착으로 이어질 가능성이 있긴 하죠. TV에서 치정으로 인한 사건 사고들 나오잖아요. 그런 문제들이요. 또는 금전과 관련된 문제가 터지기도 하고요. 어느 한쪽이 일방적으로 마음고생을 하던데 보통 여자 쪽일 가능성이 높죠. 아닌 경우도 있지만. 이게 다 전생에 한쪽이 다른 한쪽에게 했던 행동에 대한 대가를 치르는 거라는 생각이 들더라고요."

너무 겁을 줬나 싶은 생각이 들 정도로 그녀의 얼굴은 사색이 되어 갔다.

"끝내야겠네요. 감사합니다."

그녀는 마치 중간고사 이후 성적 상담을 하고 나가는 학생마냥 걱정 한 바가지를 안고 돌아갔다. 그녀의 뒷모습을 보는데 입맛이 씁쓸했다. 걱정하고 겁을 먹는다고 마음처럼 쉽게 끊어 낼 수 있는 문제라면, 나를 찾아오지도 않았을 걸 알기 때문이었다.

판단은 자신들이 하는 것이다. 하지만 없는 이야기를 할 수는 없다. 두 사람이 끊을래야 끊을 수 없는 천생연분의 인연으로 이어진 귀문커플도 있을 것이다. 물론 귀문 하나만 보고 모든 사람들을 운명적 인연이라고 말할 수는 없다. 전생의 악연을 진정한 이해와 사랑으로 승화시킨다면 운명적 사랑이고, 그렇지 못하면 운명적 악연이 되는 것일 테니까. 둘 중 무엇이 되었든 대가를 치러야 하는 관계임에는 틀림없다. 그것도 톡톡히. 그런데 나는 그녀가 또 올 것만 같은 강한 느낌적 느낌을 받고야 말았다.

일주일 뒤에 그녀가 왔다. 곧 끝낼 것처럼 겁을 잔뜩 먹고 나갔던 뒷모습과는 달리 20대 아가씨처럼 상기된 모습이었다. 귀문커플들의 연애담은 끝날 듯 말 듯 끝나지 않는 네버엔딩 스토리로 전개되는 것이 일반적이었다. 인간의 의지와 귀신의 욕망이 싸우는 느낌이랄까. 인간의 몸을 빌려 자신이 원하는 상대와 애정행각 또는 복수를 하고 싶은 귀신의 욕망 말이다. 어찌 의지가 욕망을 이길 수 있으랴. 그녀는 욕망에 패배한 것을 인정하기보다는 자신도 어쩔 수 없었다는 면죄부를 주는 쪽을 택한 것 같았다.

"헤어지자고 말하려고 만나러 갔는데 다짜고짜 '노래방 갑시다.' 그러는 거예요. 말이 안 통한다 싶어서 화를 냈더니, 다 받아 주면서 마지막으로 노래방에를 가재요. 마지막 부탁이라면서 애기처럼 조르길래, 그래 마지막인데 뭐 어떠냐 싶어서 따라갔죠."

뭔가 반전이 기다려지는 대목이었다. 그녀 역시 침을 한번 삼키더니 말을 이어 갔다.

"갑자기 노래방에서 키스를 하더라고요. 근데 이런 얘기 불편하지 않으시죠?"

"불편하긴요. 점점 흥미진진해지는데요."

귀문관살로 엮인 인연들의 이야기는 참으로 다양해서 영화나 드라마보다 더 기상천외한 것들도 많다.

"키스를 하고 나니 분위기가 완전 바뀌어 버린 거예요. 아주 강하게 나오더라고요. 자기는 헤어지기 싫다고요. 그래서 제 손을 잡고 모텔로 막 끌고 가는 거 있죠. 힘이 얼마나 센지..."

여자가 남자에게 관심이 없을 때 저런 행동을 했다면 그 남자는 파렴치한이고 성희롱자이다. 그 남자의 무모하고 거침없는 행동들이 그녀에게는 자신을 너무나 원한 나머지 그 욕망을 주체할 수 없는 상남자의 행동으로 보였을 것이다. 자신을 너무나 원한다는 제스처가 여자들에게 주는 이미지는 자신이 얼마만큼 섹시한지에 대한 척도 역할을 한다. 스토커와 그런 남자들의 차이점이 딱 하나 있다. 여자가 남자에게 관심이 있느냐 없느냐다.

"제가 이상한 여자 같죠?"

한 번씩 나의 의중을 묻는다.

"아니요."

그래 그거지. 자신이 이상한 사람이 아니라는 확언을 듣기 위해서 날 찾아오는 이유도 있을 것이다. 자신의 정신

상태를 스스로 진단 내리기에 역부족인 사람들이 많다. 생전 처음 맞닥뜨리는 희한하고도 요상스러운 경험을 할 때는 더더욱 그렇다. 내가 미쳤나? 귀신이 씌었나? 이런 의심이 드는데 정신병원에 가긴 싫고 그렇다고 지인에게 털어놓기는 자존심이 상할 때 사주상담을 찾는다. 병원에서는 어떻게든 전문용어로 병명을 진단해 버리게 되고, 그렇게 되면 그 이후부터 자신은 정신병원에 다니는 환자가 되어 버린다.

명리적 관점에서 보면, 한 인간이 스스로의 이성만으로 행동하기란 불가능하다. 만일 그것이 가능했다면 이 지구상에 예술과 종교는 존재하지 않았을 것이다. 나는 이성적이지 못한 행동을 한 사람들을 변호하려는 것이 아니다. 거대한 우주에서 일어나는 수많은 일을 인간의 일부인 이성이라는 아이가 감당하기에는 역부족이란 사실을 알리고 싶을 따름이다.

자신의 통제 능력에 대해 이성도 울고 싶을 것이다. '그러면 안 돼'를 울부짖는 자신이 결국에는 '그렇게 할 거야'를 외치며 바닥에서 데굴데굴 구르는 감정에게 늘 진다는 것을 알고 있으니까. 자신이 브레이크를 걸어 주어야 후회할 일이 적다는 걸 사람들은 알고 있으면서도 정작 자신보다는 감정을 더 아끼고 보살펴 주는 것 같아 서운하기도 할 것이다.

그 후로도 오랫동안 사랑의 밀물과 썰물은 계속되었다. 나는 그녀의 고해성사를 받는 신부가 된 것마냥 그녀가 문을 열고 들어오면 온화한 표정으로 그녀를 맞이해야 했다. 그러다 그녀의 발걸음이 뜸해져 갔고 그녀에 대한 기억도 희미해질 갈 무렵, 우연히 길을 가다 사주를 보는 곳에서 그녀와 어떤 남자가 함께 있는 것을 목격했다. 그녀는 또 다른 곳에서 두 사람의 사랑이 운명적인 것이라 자신도 어쩔 수 없다는 면죄부를 발부받는 중이었다.

---

* **귀문관살** 두 개의 글자가 만나 만들어 내는 다소 미스터리한 기운. 귀신이 드나드는 문이라고 칭하기도 한다. 자신의 사주에 두 글자가 붙어 있을 경우에는 영향을 많이 받는다. 정신적이든 감정적이든 예민하고 외골수 기질도 있으며, 부정적으로 발현되면 정신병적인 증상들을 초래할 수 있고 반대로 긍정적인 경우에는 엄청난 집중력을 발휘해서 보통 사람들보다 뛰어난 능력을 가질 수 있다.
자유(子酉), 축오(丑午), 인미(寅未), 묘신(卯申), 진해(辰亥), 사술(巳戌) 등 6가지가 있다.

✽✽✽

전직이 무당이었던
여자

정보가 전혀 없는 상태에서 누군가를 만나는 일은 긴장과 설렘을 동시에 느끼게 하는데, 나이가 들수록 후자보다는 전자일 경우가 많다. 낯선 사람을 만나는 일은 에너지가 많이 뺏기는 일임에 틀림없다. 더구나 생년월시만 알려 주고 '나를 다 맞춰 보시오' 하는 시선으로 날 보고 있자면 머리 위에 초강력 히터가 있어 머리카락은 물론 하단전 깊숙이에 있는 피까지 끌어올려 수증기로 만드는 느낌이다. 머리 위에 김이 모락모락 올라오는 만화 장면이 연상된다고나 할까. 그 긴장감이 소통을 통해 원활히 이어지면 다행이지만 꽉 막힌 하수구처럼 불통이면 두통이 심하게 오는 경우도 있다.

하지만 그런 와중에도 상대의 기운이 오히려 나에게 도움을 줄 때도 있다. 사람들이 가진 각자의 에너지는 누구를 만나느냐에 따라 끌어당기기도 하고 밀어내기도 한다. 서양 고대철학자 엠페도클레스의 4가지 원소들(물, 불, 흙, 공기)이 서로 사랑하고(인력-끌어당김) 미워하는(척력-밀어내기) 것을 반복함으로써 세상의 물질들이 생성된다는 주장과 일맥상통한다. 결국 지금의 나는 수많은 기운들의 사랑과 미움의 반복 작용을 통해 탄생한 생성물이다.

인상 좋은 여자분이 궁합을 보러 왔다. 한참을 설명하고 있는데 궁합에는 별 관심이 없는지 내 얼굴을 뚫어져라 응시하더니 "선생님, 제 전직이 뭐였는지 아세요?" 하고 묻는 것이 아닌가. '사주를 본다고 전직을 알 수 있는 건 아닌데.'라고 생각하는 순간 나의 당황하는 표정이 안쓰러웠는지 자신의 질문에 바로 답을 이어 갔다.

"무당이었어요."

"어머 진짜요?"

나의 반응이 만족스러웠는지 살짝 미소를 짓고는 말을 이어 나갔다.

"이 지역에서 잘나가던 무당이었어요. 돈도 많이 벌었는데. 근데 직업이 뭐냐고 물어볼 때 대답하는 게 너무 싫더라고요. 그래서 번 돈으로 영어학원 차려서 지금은 원장이에요."

"어머 저는 아이들 영어 가르치다가 관뒀는데요. 가르치는 걸 좋아해서 시작했지만 성적을 올려야 하는 부담감이 싫더라고요. 그리고 사실 영어보다는 명리학이 재밌어요."

그녀와의 공통점을 찾은 것 같아 다소 흥분된 어조로 말했다.

사주상담을 하던 초창기였으니 왜 내가 이 일을 하는지에 대해서도 제대로 알지 못할 시기였다. 그저 운명의 여신이 내 옷깃을 잡아끄는 대로 따르겠노라 다짐은 했지만, 그래도 과연 내가 지금 어디로 가고 있는지가 가장 궁금하던 시절이었다. 그녀는 마치 나의 혼란스러움을 훤히 꿰뚫어보는 것만 같았다. 그 시절의 나는 참으로 포커페이스가 안되는 사람이었다. 전직 무당이었던 그녀가 그런 나를 파악하지 못했을 리가 없다. 그녀의 눈에 나는 불안에 떠는 가여운 영혼이었을 것이다.

그녀가 갑자기 가방을 뒤지더니 빨간색 볼펜을 하나 꺼

냈다.

"지금 마땅한 게 없긴 한데 이거 주고 싶어요. 빨간색이 선생님한테는 좋아요."

난생 처음 보는 사람이 내 영혼을 위로하기 위해 찾은 물건이었다. 그 당시 내가 빨간색에 얼마나 집착하고 있었는지를 아는 사람이라면 그 물건이 얼마나 큰 위로가 되었을지 짐작할 수 있을 것이다.

눈 화장과 입술 화장을 붉은 색 계열로 하고 다녔다. 자칫 천박하고 우스꽝스러워 보일 수도 있는 화장법이었다. 타인에게 보이는 이미지에 상당히 신경 쓰는 내가 그런 몰골을 하고 다녔다는 것은, 설사 내 얼굴이 피에로처럼 보일지언정 운명을 바꾸기 위해 최선을 다하고 있다는 것을 운명의 여신에게 납득시키고자 하는 의지의 발로였다.

"어머 신기해요. 저에게 좋은 색이라고 해서 요즘 꽂혀 있거든요. 그게 보이나 봐요?"

그녀가 내게서 본 것은 무엇이었으며, 무엇이 그녀로 하여금 빨간색 볼펜을 주고 싶게끔 했을까? 볼펜을 받아든 나는 황금으로 만든 볼펜이라도 된 듯 흥분된 상태였다.

"신기가 아주 사라진 건 아니에요. 내가 안 쓸 뿐이지."

그녀가 내게 온 이유가 과연 궁합이 목적이었는지 의문스러웠던 만남이었다. 마치 나의 수호천사가 힘들어하는 날 응원하기 위해 누군가의 모습을 빌려서 와준 것만 같았다.

그때 나를 좀 귀찮게 하는 지인이 나를 찾아왔다. 그 사람의 정체성에 대해 궁금하던 나는 잠시 기다리라는 손짓을 하고 조용히 그녀에게 물었다.

"저기 저 사람이요. 어떤 사람처럼 보이세요?"

주객이 전도된 상황이었으나 그녀는 전혀 개의치 않고 나의 질문에 친절히 답을 해주었다.

"푼수 끼가 있긴 해도 나쁜 사람은 아니에요."

아 그렇구나. 내가 잘못 본 것은 아니구나, 하고 안도의 한숨을 내쉬고 있는데 그녀가 조용히 덧붙였다. 마치 뭔가를 아는 사람처럼 말이다.

"그리고 저 사람은 선생님을 이길 수가 없어요."

서로 기싸움하는 관계인 것을 알았을까. 지금 다시 그녀가 온다면 그때 이긴다는 의미가 어떤 건지 물어보고 싶다. 그래도 말에는 뉘앙스라는 것이 있어 그 당시는 그녀가 한 말의 의미를 이해했던 것 같다. 사실 나도 그렇게 생각하고 있었는데 그녀가 확인사살을 해준 것 같아 기분이 한결 나아지던 순간이었다. 그녀는 사람에게서 뿜어져 나오는 에너지를 읽을 수 있는 능력을 가지고 있었던 것이다.

몇 년 전의 일이지만 아직도 그녀가 내게 해준 말이 귓가에 선명하게 남아 있다.

"귀신 믿지 말고 차라리 명리를 믿어요."

이미 그런 생각을 가지고 있었지만 보통의 사람이 보지 못하는 것을 볼 수 있는 사람이 그런 말을 해주니 내 믿음에 대한 확신이 생겼다. 자신이 보고 들은 것만이 맞다고 생각하는 다른 무당들에 비하면 그녀는 깨어 있는 사람이었다. 무당이든 일반사람이든 자신이 본 것과 들은 것만을 옳다고 주장하는 사람들이 귀신보다 더 무서운 존재들이다.

❄❀❄

어둠 속에 보이는
영혼의 얼굴

누군가가 내 앞에서 눈물을 흘리는 모습을 보고 있노라
면 여러 생각들이 겹친다. '내가 그렇게 편한가?'부터 시작
해서 '마침 울고 싶었는데 내가 옆구리를 긁어 준 셈인가?'
또는 '지금의 내 상황보다 더할까?'라든가 '나도 요즘 울고
싶다고~' 등등. 그래도 눈물을 보인다는 건 당신 앞에서 무
장 해제하겠다 뭐 이런 의미 아니겠어? 울음 뒤에는 자신의
이야기를 진솔하게 털어놓는 수순이 기다리고 있으니 나로
서는 뒷목에 힘을 빼고 있어도 되는 상황이었다.

몇 마디 하지도 않는데 갑자기 울음부터 터트린 여자
를 기억한다. 그녀의 그날 컨디션이 울고 싶었던 것이 분명

하다. 사실 난 몇 마디 하지도 않았다. 촉이나 감이 좋고 그렇기 때문에 현실에서 적응하며 살기가 녹록치 않을 거라는 말만 했을 뿐인데 눈물을 흘리면서 자신의 이야기를 털어놓았다.

회계 관련 회사에 다니는데 그 일이 너무나 자신과 안 맞아서 죽기보다 싫은데 먹고살기 위해서 일을 해야 한단다. 사실 이 세상에 하고 싶은 일을 하면서 사는 사람이 몇이나 될까. 그런데 저렇게 눈물까지 흘릴 정도로 싫다고 표현하는 데는 그만한 이유가 있지 않을까 싶었다. 그 답은 사주에 있었다. 재성*이 많은데 비해 관성*과 인성*이 약했다. 즉 다시 말해 원하는 것을 빨리 얻고자 하지만 그것을 얻기 위해 필요한 인내심은 부족하다는 뜻이다.

그녀는 딸에 대한 애정이 각별했다. 아이가 하고 싶다고 하는 것은 다 시켜 주고 싶어 했다. 그러다 보니 학원비며 이것저것 돈 들어갈 데가 많다고 했다.

"비싼 학원 보낸다고 공부 잘하는 것도 아닌데요. 그리고 딸아이를 위해서라도 씀씀이는 조절을 해줘야..."

이런 꼰대 같은 소릴 하고 앉아 있는 꼴이라니. 나의 말이 그녀의 귀에 들어갈 리가 없었다.

그녀의 모든 관심사는 돈이었다. 돈만 있으면 그녀는 세상 어떤 사람보다도 행복할 것처럼 보였다. 빈곤해서가 아니라 더 많은 것을 누릴 수 없어서 눈물을 흘렸던 것이다. 남편의 실직과 딸아이의 일탈, 거기에 더해 빚더미에 앉은 나 같은 사람에게 그녀는 계속해서 돈 이야길 해댔다. 그녀는 도대체 얼마짜리의 행복을 원하는 것일까.

　상담을 하다 보니 저녁시간이 되었다. 그녀는 같이 저녁을 먹을 것을 제안했다. 하소연을 들어 주다 보니 진이 빠진 것도 있고 왠지 오늘은 그녀에게 내 시간을 할애해야 할 것 같은 느낌이 들어 승낙했다. 저녁을 먹으면서 술 한잔까지 하게 되면서 원치 않는 친밀감을 형성해야 하는 단계까지 가버렸다. 누군가 한방에 '친한' 사람이 되어 버리는 것을 좋아하지 않는 나로서는 난감하기까지 했다. 만난 지 5분 만에 그녀로 하여금 눈물을 흘리게 했으니 그에 대한 대가를 치르는 거라 생각하기로 했다.

　그녀는 소위 말하는 신기가 강한 여자였다. 외모부터 범상치 않았다. 살짝 튀어나온 부리부리한 눈에 억양이 센 말투. 차림이라도 수수했다면 상쇄가 되었을 텐데 그도 아니었다. 검은색으로 칠한 손톱에 반짝이는 큐빅을 잔뜩 박아 손짓을 할 때마다 눈에 지속적인 자극을 주었다. 손톱에 자신을 투사한 마냥 '저 여기 있어요. 봐주세요.'를 외치는 듯했다.

당장이라도 손에 방울을 들면 무당이라고 해도 믿을 비주얼이었다. 하지만 센 기운이 겉으로 드러난다는 것은 실상 속은 비어 있거나 연약하다는 반증이기도 하다. 겉이 딱딱한 호두나 바닷게의 속살이 어떠한가. 반대로 속으로 단단한 씨앗을 품고 있는 복숭아의 살결은 얼마나 향긋하고 부드러운가.

굳이 사양함에도 불구하고 집까지 날 데려다주겠단다. 금전적인 문제로 힘들다는 것을 호소했던 것과는 달리 그녀의 차는 고급세단이었다. 다소 앞뒤가 맞지 않는 여러 정황들에 대해서는 차후 생각하기로 했다. 명리학을 배우기로 했기 때문에 앞으로 얼마간은 볼 사이였던 것이다. 과연 그녀가 잘 배울까는 미지수였지만 말이다.

숍에서 집까지는 꽤나 먼 거리였다. 그녀와 이런저런 이야기를 하다 보니 자정이 되어 가고 있었다. 바로 그때였다. 날 향해 고개를 돌리는 순간 달빛을 받아서인지 다소 사납게 생긴 외모가 순한 모습의 여자로 바뀐 것이다. 아 이건 뭐지? 착시인가 아니면 그녀의 영혼의 모습인가. 상대의 모습을 헷갈려할 정도로 술에 취한 것도 아니었다. 낮에 본 그녀의 얼굴에는 욕심이 잔뜩 있었는데 밤에 본 그녀의 모습은 순하고 선한 모습이었다.

밤 12시 즉 자시는 하늘이 열리는 시간이기도 하고 사람보다는 영혼들의 시간을 의미한다. 내가 그녀의 다른 모습을 본 것도 자시의 영향이었을 것이라고 생각한다. 그 뒤로 그녀처럼 신기가 강한 사람들이 낮과는 다른 모습을 보였던 시간도 자시였다. 자시에 본 모습이 그녀의 본모습이란 소리가 아니다.

인간의 모습을 보여 주는 낮 시간의 그녀는 욕심이 가득 차 있었다면 밤의 시간에는 낮과는 다른 이면이 드러났다는 것을 의미한다. 그것이 바로 음양이다. 그녀의 욕심 가득한 낮의 모습 속에는 순수한 밤의 모습도 있었는데 그것이 낮에는 잘 드러나지 않다가 밤에 그 모습을 온전히 드러냈다는 의미인 것이다.

그녀는 나의 예상대로 참을성이 부족했고 작은 돈에 만족해하지 못했다. 결국 사주대로 큰돈을 쉽게 버는 방법에만 관심이 있었다. 그 뒤로 몇 번을 공부한 후 자기와 함께 일을 하자며 제안을 했지만, 영혼이 순수한 것과 함께 일하는 것은 다른 문제였다. 그녀가 떠난 뒤 그녀가 한 예언이 어느 정도는 들어맞았지만 함께 일을 할걸, 하는 후회는 없었다.

그녀가 본 미래의 내 모습은 온전히 그녀 입장에서 해석한 것이었다. 그녀의 예언대로 나는 무척이나 힘든 시기를 보냈지만 지금 생각해 보면 그 시기가 내게 준 인생의 의미는 참으로 귀하다. 단지 보이는 경제적 풍요와 육체의 안일함만을 최고의 가치로 여긴다면 인간의 성장은 요원할 것이다. 그리고 지금 이 글을 쓸 수 있게 된 것도 그 시절의 혹독하고 쓰디쓴 경험이 있었기 때문이다.

* **재성** 현실에서 무언가를 얻고자 하는 욕망을 일컫는다. 남자에겐 여자를 의미하기도 하고 남녀 모두에게 돈을 의미한다.

* **관성** 자신을 통제하는 능력이다. 적당하면 자신뿐 아니라 타인에게도 권력을 행사할 수 있는 힘을 의미하기도 한다. 본인의 기운이 강해야 제대로 사용할 수 있다.

* **인성** 말과 행동을 조절하는 능력이다. 부족하면 경거망동을 할 수 있고 지나치면 의존성이 강할 수 있다.

✳ ✷ ✳

기독교를 믿는
그녀의 귀문관살

젊은 아가씨가 조심스레 문을 열고 들어왔다.

"저 기억하세요?"

며칠 전에 남자친구와 궁합을 보러 온 아가씨였다.

"그럼요. 기억나죠."

사람에겐 저마다의 빛이 난다. 주변을 환하게 밝히는 빛, 어슴푸레한 빛, 먹구름에 가려진 빛 등등. 물론 빛은 고사하고 주변의 빛까지 빼앗아 버릴 듯 탁함을 온몸에 칭칭 감고 다니는 사람들도 널렸다. 사실 어쩌면 이 세상은 그런 사람들이 대부분이라 해도 과언이 아니다.

이 아가씬 뭐랄까 연두와 노랑을 섞다가 회색을 넣어 마구 휘저었을 때 나오는, 결국은 연두도 노랑도 회색 속으로 사라져 버려 딱 꼬집어 정의 내릴 수 없는 그런 색의 느낌이 강하게 들었다.

"저 남친이랑 헤어졌어요."

사실 두 사람의 궁합 내용은 기억이 안 났지만 남자가 상당히 돈에 민감한 남자였다는 것은 기억났다.

"남자분이 엄청 알뜰한 분이었죠?"

핵심을 짚어 주었다는 듯이 고개를 끄덕이며 말했다.

"그래서 헤어졌어요."

그녀는 기독교 신자였고 공무원이었다. 종교와 직업을 밝히는 이유는 그녀의 사회적 모습과 실제 그녀 모습과의 괴리가 얼마나 큰가를 밝히기 위함이지 결코 그녀를 비판하고자 하는 의도가 아님을 밝힌다. 우리 사회에서 기독교를 믿고 공무원이라는 직업을 가졌다면 그 자체만으로 얼마나 많은 이들에게 신뢰를 얻는가를 생각해 보라. 그 자체가 마치 그녀 자신의 전부인 양 받아들이게 된다. 그 안에 무수히 많은 다른 결들의 얼굴들이 있음에도 불구하고 말이다.

외모에서 풍기는 묘함은 이야기를 하면 할수록 확증에

이르게 했다.

"거울에 문득문득 보이는 제 모습이 너무 무서울 때가 있어요."

너무나 순진한 표정으로 이런 이야기를 하니 살짝 소름이 돋았다.

"자신이 가끔 낯설 때가 있긴 한데 무섭다는 건 어떤 의미일까요?"

온전히 자신을 전체로써 인식하고 통제할 수 있는 사람은 존재하지 않을 것이다. 가끔은 자신이 낯선 타인처럼 느껴지기도 하니까.

"세수하다가 거울을 보거나 거실에서 지나가다 거울을 힐끔 볼 때, 제가 아닌 다른 사람이 절 쳐다보는 느낌이 드는데 그 모습이 너무 소름 끼쳐요. 내 속에 누가 들어와 있는 거 같기도 하고."

그녀의 사주를 보니 천문성*의 글자 중 가장 강하다는 술토를 가지고 있었고 대운에 술토와 짝을 이루어 귀문관살*을 이루는 사화까지 들어와 있었다.

사람들은 자신의 몸뚱이에 이름을 붙인 것이 바로 '자신'이며 그런 자신을 스스로가 가장 잘 안다는 착각 속에 산다. 세 부류가 있다. 자신에게 이상한 '또라이'의 존재가 있으니 늘 자신을 돌아보고 깨어 있어야겠다고 느끼는 부류와 '또라이'라는 것은 인정하는데 자신의 행동에 대해서는 딱히 재고를 하지 않는 부류 그리고 마지막으로 자신이 '또라이'인지도 모르는 부류.

모든 사람이 깨닫는다고 해서 스스로를 변화시킬 수 있는 것은 아니다. 자각을 했다 해도 자신의 행동을 돌아보지 않는 사람과 자각조차도 하지 못하는 사람들은 자신의 행동으로 인해 타인이 받을 피해와 상처에 대해서는 생각하지 않는다. 그런 사람을 우리는 '소시오패스' 또는 '사이코패스'라 칭한다.

최근 그녀가 느낀 자신이 '낯설다'라는 느낌에 대해 설명을 해줄 필요가 있다 생각했다.

"이건 단순히 귀신에 대한 이야기가 아니에요. 뭐 쉽게 말하면 '귀신에 씌었다'라고 표현할 수도 있지만, 그건 해결책을 제시해 줄 수 없기 때문에 좋은 표현이라고 할 수 없어요. 인간은 몸과 혼으로 이루어져 있어요. 여기에 대해선 이견 없죠?"

기독교 신자인 그녀를 배려한 질문이었다. 그녀는 고개

를 끄덕였다.

"누구나 보이기엔 사람의 모습인데 다들 다른 에너지로 구성되어 있어요. 그래서 외모와 성격과 성향이 다른 거예요. 사주에서 보이는 글자들이 그걸 나타내 주는데 사람들은 그저 팔자가 좋으냐 나쁘냐에만 관심을 둘 뿐이죠. XX 씨에게는 영적으로 열려 있는 기운이 강해요. 그걸 통해 다른 영혼들이 드나들 수 있는 통로가 열리는 거죠. 근데 그 통로에 좋은 애들만 드나드는 것이 아니라는 점이 문제죠."

"좋은 애들요?"

"쉽게 말해 좋은 귀신들요, 하하하."

분위기를 전환시킬 겸 웃었는데 그녀는 심각해 보이는 얼굴이었다. 사실 나같이 다소 특이한 사람이 아니고서야 이 세상의 반은 사람 반은 귀신의 존재로 이루어졌다고 생각하는 사람이 어디 흔하겠는가. 더군다나 그녀는 귀신의 존재를 사탄이나 악마의 존재로 치부하는 기독교인 아닌가. 그녀를 위해 조금 더 친절한 설명이 필요한 순간이었다.

"모든 것은 양날의 칼 같은 거예요. 어떻게 쓰느냐에 달렸죠. 물론 그런 기운을 통제할 수 없어 스스로가 제물이 되는 사람들도 많아요. 알고서도 못 다스리는 사람들이요.

안타깝죠. 그래도 자신에게 그런 기운이 있다는 것을 안 이상 자신을 위해 노력해 볼 필요는 있다고 봐요. 좋은 쪽으로 발현될 수 있도록요."

그 당시 상담실 안쪽에는 작은 사무실이 하나 있었는데 그 안에 들어가면 엄마 품에 안긴 듯한 편안함을 느꼈다. 에너지가 맞지 않는 손님과 상담을 할 때면 머리가 깨지듯 아팠는데 상담이 끝난 후 그곳에 들어가면 머리가 맑아지면서 에너지가 충전되었다. 보이는 것만 믿는 사람들에게 이 이야기를 하면 분명 비웃을 것이다. 그러나 같은 장소에서 느끼는 봄밤과 가을밤의 공기는 분명 차이가 있다. 그 사실을 반박할 사람은 없을 것이다.

신기한 일도 있었다. 그날도 쉴 겸 해서 사무실에 들어가 앉아 있었는데 5분쯤 지날 무렵 한쪽 어깨가 불에 댄 듯이 뜨거워지는 것이었다. 너무 신기한 느낌이 들어 혹시나 하고 상담실로 나갔다. 겨울이라 난로를 켜놓고 있었는데 탁자에 가까이 둔 탓에 탁자가 검게 그을리고 있었던 것이다. 확증편향이라고 치부할 수도 있겠지만 어쨌든 그로 인해 화재가 날 수도 있었던 사건을 사전에 예방한 셈이기도 했다.

영적통로가 열린 사람들이라고 해서 서로 잘 통하는 것은 아니었다. 그런 에너지를 가진 사람의 종류는 참으로 다양하기 때문이었다. 갑자기 그녀와 에너지가 통하는지 알고 싶어졌다. 그녀에게 설명을 해준 후에 함께 사무실로 들어가 보기로 했다. 그녀는 다소 긴장한 표정이었지만 호기심이 발동한 눈치였다. 그 당시 그녀는 마음을 터놓을 수 있는 친구 이상의 존재를 찾고 있었다. 아마 그 사람이 내가 되어 주기를 바라고 있었던 것 같다.

들어서려고 발을 내딛는 순간 "앗 뜨거!" 외마디 비명과 함께 그녀가 한쪽 손을 거머쥐고 고통스러운 표정을 짓고 있었다. 몇 번의 실험을 한 적은 있었지만 이런 반응은 처음인지라 나 또한 진심으로 놀랬다.

"왜 그러세요?"

그녀는 손을 계속해서 주무르면서 사무실 안쪽으로 들어올 생각을 하지 않았다. 할 수 없이 다시 상담실로 그녀를 데리고 나갔다.

당황한 기색을 감추지 못한 그녀가 입을 열었다.

"손에서 찌릿한 게 느껴졌어요. 마치 전기에 감전된 것처럼요. 이 느낌 너무 별론데요."

그녀는 울기 직전이었다.

"다른 사람들도 이런 반응이었어요?"

자신만 이런 특별한 반응을 느끼는 것은 아닌가 궁금했나 보다.

"아니요. 이런 반응은 처음인데요."

나 역시 신기했다.

편하다는 사람도 있었고 그냥 무감각한 사람도 있었지만 이렇게 특이한 반응을 보인 사람은 처음이었다. 한편으로는 내 직감이 틀리지 않았다는 안도감도 들었다. 처음부터 그녀와는 어떤 이질감이 들었던 것이 사실이었다. 인간적인 호불호를 말하는 것이 아니다. 나의 에너지와 그녀의 에너지는 공통분모가 거의 없어 서로 밀어내는 작용만 한다는 느낌이 강하게 들어서였다.

그녀는 무슨 이유에서인지는 모르겠지만 나와 친해지고 싶어 했다. 하지만 내 인생만도 머리가 아픈 상황이어서 누군가와 개인적 친분을 쌓는 일은 안중에 없었다. 그 사건 이후로도 그녀는 나를 몇 번 더 찾아왔다. 하지만 그녀와 이야기를 할수록 더 이상 가까워질 수 없는 벽을 느끼곤 했다. 사실 그녀뿐 아니라 사람 사이에 존재하는 벽을 허물

수 있을 정도로 서로의 에너지를 보완하고 공유할 수 있는
사람은 거의 없다. 그래서 대부분의 사람들이 외롭다는 말
을 입에 달고 사는 거겠지만 말이다.

＊ **천문성** '하늘의 문이 열려 있다'는 의미로, 사주에 천문성이 있으면 신경
이 예민하며 신비한 것과 영험한 것에 관심이 많다.
묘목(卯), 술토(戌), 해수(亥), 미토(未), 인목(寅), 유금(酉) 등이 있다.

＊ **귀문관살** 두 개의 글자가 만나 만들어 내는 다소 미스터리한 기운. 귀신
이 드나드는 문이라고 칭하기도 한다. 자신의 사주에 두 글자가 붙어 있을
경우에는 영향을 많이 받는다. 정신적이든 감정적이든 예민하고 외골수 기
질도 있으며, 부정적으로 발현되면 정신병적인 증상들을 초래할 수 있고 반
대로 긍정적인 경우에는 엄청난 집중력을 발휘해서 보통 사람들보다 뛰어
난 능력을 가질 수 있다.
자유(子酉), 축오(丑午), 인미(寅未), 묘신(卯申), 진해(辰亥), 사술(巳戌) 등 6가
지가 있다.

❋ ❋ ❋

퇴마사인 그녀가
나에게서 본 것은?

명리학을 공부하고 사주상담을 하기 전의 나는 일반인들보다는 조금 더 예민한 정도였다. 자각몽과 유체이탈을 경험할 정도의 독특한 정신세계를 가지고 있었고, 사람의 이면을 보는 눈을 가지긴 했으나 귀신을 본다든가 환청이 들린다든가 하는 특이점은 없었다. 그런데 명리학 공부를 하기 시작한 시점부터 내 주변에 벌어지는 일들이 예사롭지 않다는 생각은 들었다. 누군가가 벌여 놓은 게임판에 말이된 듯한 느낌이랄까. 또는 내 의지가 아닌 어떤 기운이 날이끄는 대로 내 인생이 흘러가는 느낌이랄까.

상담을 계기로 내게 명리학을 배우던 아가씨가 있었다.

그녀와 몇 번의 수업을 하고 어느 정도 친해질 무렵 그녀가 내게 대뜸 물었다.

"혹시 선생님한테 어떤 사람의 형상이 보인다는 말 들어 보셨어요?"

뜬금없는 질문처럼 들리겠지만 나는 그 말의 의미를 단박에 이해할 수 있었다.

"혹시 할머니의 모습인가요?"

내가 물었다. 그녀는 고개를 끄덕였다.

그녀가 영적으로 발달되었다는 것은 알고 있었지만 직접적으로 내게 말을 해주니 놀랍기도 하고 반갑기도 했다.

"혹시 어떻게 생겼어요?"

내심 기대하고 있던 대답이 있었다. 그녀가 과연 그 대답을 해줄 수 있을까 궁금했다. 그녀는 차분하게 그러나 자신감에 찬 목소리로 말했다.

"선생님하고 닮았어요."

그 말을 하고 그녀는 미소를 지었는데 그 미소가 나를 향한 것인지 내게서 보인다는 할머니의 형상을 향한 것인지 의문이긴 했다.

몇 년 전 기존에 하던 일을 그만두고 싶어서 고민을 많이 했었다. 월급이 꼬박꼬박 나오는 안정된 직장을 다닌 것도 아닌지라 일에 미련은 없었지만 막상 관두려니 무슨 일을 하며 살아야 할지 막막했다. 먹고사는 문제도 고민은 되었지만 그렇다고 그저 돈만 벌기 위해 하는 일을 찾기는 싫었다. 막연하게 공부를 하고 싶다는 철없는 생각이 들었다. 그런 배부른 생각을 할 경제적 형편이 아니었는데 말이다. 애초에 계획에 있었던 일은 아니었지만, 나를 알고 싶어서 무작정 명리학을 배우기 시작했다. 심리학 대학원을 가고 싶었던 경로를 명리학으로 수정했다. 캄캄한 밤의 연속 같았던 내 인생에서 한줄기 등불을 찾고 싶은 심정으로 말이다.

그러나 지금 돌이켜 보면 마치 예정된 수순을 밟는 것처럼 일이 진행되었다. 내 인생의 큰 시나리오는 명리학이었고, 그것의 도화선이 되어 준 것이 심리학이었다. 그 시절에 자주 꿈에 등장하는 사람이 있었다. 어린 시절 엄마 대신 나를 길러 주신 할머니였다. 돌아가신 지 꽤 되셨는데 너무나 생생하게 등장하셨다. 지푸라기라도 잡고 싶었는지 그럴 때마다 '나 좀 도와줘 할머니', 이 말이 버릇처럼 맴돌았다. 무엇을 도와 달라는 것인지 사실 나도 몰랐다. 지금 생각해 보면 그냥 내 삶이 어디로 가야 하는지를 알 수 있도록 해달라는 의미였던 것 같다.

"사실 며칠 전에 친정 부모님 댁에 다녀왔는데요, 제가 좀 꿈인 듯 아닌 듯 그런 경험을 했어요. 잠을 자는데 돌아가신 할머니가 나타나더니 제 옆에 눕는 거예요. 다음 날 엄마에게 말씀드렸더니 며칠 전에 할머니 제삿날이었다고 하시더라고요. 그런데 더 웃긴 건 전날 잠을 설쳐서 동생 방에서 낮잠을 자는데 또 꿈을 꾼 거예요. 집 구조가 딱 부모님 집이었는데 현관에서 우리 가족 모두가 모여서 할머니를 배웅하는 장면이었어요."

그녀에게 부연설명을 했더니 빙그레 의미심장한 웃음을 지으면서 말했다.

"선생님을 엄청 예뻐하는 눈빛이에요."

나는 잠시 대화를 멈추고 그녀의 사주를 들여다봤다.

"귀문관살*에 진진(辰辰) 자형살*까지 있네요. 귀문관살이 자형살과 함께 있으면 엄청 신기가 강한 건데, 그래서 그런 걸 보는 능력이 생겼나 봐요. 어릴 때 귀문이 대운에 또 들어왔었네요. 이때는 완전 난리 났겠는데요?"

"그게 보이세요?"

눈을 동그랗게 뜨고 그녀가 물었다.

"음, 이 정도면 정신이 내 정신이 아닌 상태? 또는 너무 여러 가지 기운들이 겹쳐서 다중인격이나 빙의, 뭐 그런 증상들이 있지 않았을까 싶은데요?"

"저 그때 신병 걸렸었어요. 정신과에 갔더라면 그런 증상들을 이야기했겠지만 저는 알았죠. 이게 단순한 정신과에서 해결할 문제는 아니겠구나."

그녀는 평범한 사람들과는 조금 다른 삶을 살고 있었다. 자신의 직업 외에 퇴마사라는 직업을 가지고 있었다. 어릴 적 신병의 경험으로 그녀에게는 어떤 능력이 생긴 거 같다. 그녀는 가까이 있는 사람의 건강상태를 느낄 수 있는 능력을 가지고 있다고 했다. 가령 가까이 있는 사람이 위장이 아프다면 자신의 위가 쓰린 느낌을 받는다는 것이다.

내가 볼 수 없고 느낄 수 없다고 해서 그것들을 가짜라고 치부할 수는 없는 일이다. 내가 꾸는 예지몽이나 유체이탈을 타인들이 이해할 수 없다고 해서 거짓으로 몰 수 없는 것과 같은 이치이다. 나는 내게서 할머니를 봤다는 그녀의 능력을 인정하기로 했다. 그녀가 거짓말을 할 이유가 없었고 내 인생에서 가장 스스로에 대한 불안감이 최고조에 이르던 시절에 그녀는 내가 정신줄을 붙잡고 하루하루를 이어 가게 해준 은인임에는 분명했다.

* **귀문관살** 두 개의 글자가 만나 만들어 내는 다소 미스터리한 기운. 귀신이 드나드는 문이라고 칭하기도 한다. 자신의 사주에 두 글자가 붙어 있을 경우에는 영향을 많이 받는다. 정신적이든 감정적이든 예민하고 외골수 기질도 있으며, 부정적으로 발현되면 정신병적인 증상들을 초래할 수 있고 반대로 긍정적인 경우에는 엄청난 집중력을 발휘해서 보통 사람들보다 뛰어난 능력을 가질 수 있다.
자유(子酉), 축오(丑午), 인미(寅未), 묘신(卯申), 진해(辰亥), 사술(巳戌) 등 6가지가 있다.

* **진진(辰辰) 자형살** 물로 인하여 피해를 입거나 구설 시비가 많고 육친과의 인연이 약하다. 길한 작용을 할 경우는 법조계, 군인, 경찰 등으로 성공할 수 있다.

✿✿✿

내 인생의 숨통,
할머니

　내 인생에서 할머니의 존재는 가장 부드러운 속살을 지켜 주는 얇은 반투명의 보호막 같았다. 얇은 막을 통해 보이는 희미한 세상의 위험을 모두 막아 줄 수는 없었지만 그래도 내가 어떤 존재의 품 안에서 보호를 받고 있다는 느낌은 들도록 해주었다. 그런 할머니를 내 인생에서 뺀다면 몇 개의 조각으로 인해 전체의 그림이 결코 완성되지 못하는 그런 퍼즐과도 같을 것이다.

　우리 모두는 세상에 내던져진 존재들이다. 그런 우리들을 누군가는 거창한 사랑이 아니라도 따뜻한 온기로 품어 줄 수 있어야 한다. 사람은 그런 온기를 통해 그나마 따뜻한 피가 흐르는 사람으로 성장하는 것이다. 대부분은 부모가 그 역할을 해주어야 하지만 부모를 대신할 사람이라도 있는 것은 그나마 행운이다.

할머니의 사랑은 대단한 가르침과 어른스러운 본보기를 보여 주는 종류의 것은 아니었지만, 돌이켜 보면 철없고 반항기 가득한 나를 가장 따뜻하게 대해 준 사람이었다. 모두 나를 가르치려 들 때, 있는 그대로의 나를 받아들여 준 사람이었다. 할머니는 딱 아이처럼 순수한 사람이었다. 아이의 눈으로 나를 봐주었다. 어떤 잣대로 타인과 비교하거나 부족함을 지적하지도 않았다. 한때는 그런 할머니가 원망스럽기도 했다. 그건 어른이 아이에게 할 올바른 행동이 아니라고도 생각했다. 아직 나를 책임질 수 없는 나이였기에 불안한 지지자보다는 안전한 보호자를 원했다. 그럼에도 불구하고 자애보다는 가르침이 우선이었던 딱딱한 가정환경에서 할머니는 나의 유일한 숨통이었음을 인정한다.

어린 시절 부모님이 서울로 이사를 가서 나와 할머니와 단둘이 살 때였다. 친척 집에서 제사가 있는 날로 기억한다. 늦은 시간에 제사를 치르다 보니 나는 방 한쪽 구석에서 잠이 들어 버렸다. 그러다 움직임이 느껴져 힘겹게 눈을 뜨면 달빛이 어슴푸레 비추는 시골길이 보였다. 할머니가 나를 등에 업고 어두운 시골길을 걸어가는 것이었다.

생각해 보라. 가로등도 없이 오직 달빛에 의지해 새벽길을 걸어가는 연약한 두 여자, 할머니와 손녀. 그 순간 어린아이에게는 할머니의 등이 이 세상의 전부가 되고 그 순간은 영원이 된다. 수많은 기억들 중 대표선수가 된다. 할머니와의 추억은 많았지만 나는 단연코 그 기억하나만으로 다음 생에서 기꺼이 내 등을 할머니에게 내어 줄 것이다.

하지만 할머니는 날 방치하기도 했다. 동네에서 사교성 좋기로 소문난 할머니는 아침 일찍 나가면 저녁 늦게나 집에 돌아오곤 했다. 아이들과 놀다가 저녁 무렵이 되면 집들의 굴뚝에선 연기가 나기 시작했고 이름을 부르는 엄마의 목소리에 아이들이 하나둘씩 사라졌다. 결국 나는 혼자 남았다. 아무도 없는 집에 돌아가기 싫어서 무작정 동네 어귀에서 할머니를 기다린 적도 많았다. 하지만 할머니를 만나지 못하고 빈집에 혼자 돌아오기 일쑤였다. 지금은 거의 없어졌지만 30대 중반까지 그때의 외로움이 트라우마가 되어 잠재의식 속에 남아 있었다.

할머니는 38에 과부가 되었다. 말 그대로 청상과부였다.

철없고 순진하기 그지없이 남편 사랑만 받다가 과부가 된 할머니가 할 수 있는 일이란 게 있었을까. 일찍 돌아가신 할아버지가 남긴 빚이며 가족들은 전부 아버지의 몫이 되었다. 무늬만 어머니인 할머니는 평생 아버지의 애증의 대상이었다. 생활력이 강해서 자식들을 이끌고 본인이 힘든 것은 다 짊어지는 그런 여장부 스타일의 어머니를 아버지는 부러워했다. 그랬다면 자신이 그렇게 힘들게 살지는 않았을 거라고 하셨다. 아버지에게 할머니는 그저 어머니의 모습을 한 또 한 명의 딸이었다.

초등학교 3학년이 되던 해, 드디어 나는 가족들과 함께 살게 되었다. 시골 촌구석에서 서울로 전학을 왔다. 가족끼리 모여 살아서 행복하다는 느낌을 받기에는 내게 부모님은 너무 서먹한 존재였다. 가족들을 부양하느라 늘 바빴고 자식들에 대한 애정보다는 책임의식이 더 강한 분들이었다. 그러다 보니 자연스럽게 가정 분위기는 딱딱하고 엄숙했다.

다른 형제들은 그런 분위기에 나름 적응하는 듯했으나 워낙에 자유분방하게 자라던 나에겐 무서운 사감선생이 있는 기숙사 생활 그 자체였다. 그런 나에게 할머니의 존재란 엄한 부모님의 눈총의 강도를 분산시킬 수 있는 또 한 명의 미운 오리새끼를 자처하는 동지였다. 가끔은 나에게 쏟아지는 질타를 용감하게 막아 주기도 하면서 말이다.

어른과 아이 사이에 서열이 사라지면 어른이 손해를 보는 법이다. 할머니는 성격상 어른이라서 대접을 받아야 한다거나 권위의식을 내세우는 분이 아니었다. 그랬기에 나는 버릇없이 할머니를 만만한 친구처럼 대했고 싸움도 잦았고 또래 사춘기 아이들처럼 낄낄거리면서 지내기도 곧잘 했다. 한마디로 할머니는 나의 가장 허물없는 친구였다.

내가 할머니가 되어서 딸아이의 딸이 내게 그렇게 대한다면 나는 견딜 수 있을까라고 물으면 나의 대답은 글쎄다. 물론 할머니보다는 어른 노릇을 할 것이고 그에 합당한 권위의식도 내세울 것이다. 아무리 귀여운 손녀라도 버릇없이 구는 꼴은 못 봐줄 거 같기 때문이다.

딸아이가 태어난 지 6개월이 될 무렵, 할머니는 가슴통증을 호소하시면서 쓰러지셨다. 식음을 전폐하고 누워 계시다 며칠 후 아무 일 없다는 듯이 일어나 엄마가 끓이신 삼계탕을 아주 맛있게 드셨다. 식사를 못 할 정도로 아프던 사람이 아무 일 없다는 듯 일어나 음식을 아주 맛있게 먹는 것은 죽음이 코앞에 도달했다는 증거란 사실을 이미 알고 있었다. 할머니도 그 경우일 거라고 생각했다. 예상대로 할머니는 그날 이후 의식을 잃고 병원 중환자실로 옮겨졌다.

연명치료로 간신히 숨은 쉬었지만 할머니는 더 이상 살아 있는 사람은 아니었다. 평생 고생만 하신 부모님이 또 할머니의 연명치료로 인한 병원비 걱정을 하실까 봐 내심 걱정이 되었다. 이런 마음을 안고 할머니를 뵈러 갔다. 젊어서 과부가 되어 한평생을 자식에게 의지하고 사신 분치곤 할머니는 무척이나 밝은 분이셨다. 오히려 그런 밝음이 어쩔 땐 아버지의 원망을 사기도 했었다. 할머니는 내가 문제를 일으켰을 때는 부모님으로부터 보호막이 되어 주셨다. 그런 할머니가 고마웠지만 부모님을 생각하면 할머니가 원망스럽기도 한 감정이 생기기도 했다. 내 주체적인 감정이 아닌 부모님의 감정에 따라 할머니에 대한 감정이 수시로 변했다. 적어도 나는 그러면 안 됐었는데 말이다. 의식이 없는 할머니를 보는데 어떤 감정도 들지 않았다. 나를 알아보고 해맑게 웃어 줄 수 없다면 그건 이미 할머니가 아니란 생각 때문이었던 같다. 의식 없이 호흡기를 꽂고 누워 있는 할머니의 몸통에 다가가 귀에 속삭였다.

"할머니 이제 그만 부모님 힘들게 하고 이젠 가셔야죠."

나는 결코 그 말이 불효라고 생각하지 않는다. 회생이 불가한 몸통을 붙잡고 더 살기를 바라느니 영혼이 자유로운 쪽을 택하는 게 할머니도 원하는 거라고 확신했다. 자식들과 손주들을 보면서 더 살고 싶은 인간으로서의 욕망이 왜 없지 않겠냐마는 이미 장기의 수명이 다 된 몸뚱이에서 더 살아 본들 무슨 의미가 있을까 싶었다.

삶과 죽음이 동전의 이면과 같은 것이라는 깨달음을 얻게 되면 죽음 앞에서 너무 벌벌 떨 필요가 없어진다. 그리고 가족들이나 지인들의 죽음에 이 세상의 종말을 맞은 것처럼 울지 않게 된다. 그저 살아 있는 사람들의 마음이 망자에 대한 그리움으로 아파 올 때가 가끔 있다는 사실 정도로만 죽음을 생각한다.

그날 저녁 혹시나 할머니가 내 말에 서운해하지 않으셨을까 걱정은 되었다. 숨을 쉬고 있는 상태였기에 영혼은 아직 육신의 근처에 머물러 있었을 것이고 내가 한 말을 분명히 들으셨을 것이기에.

"할머니 미안해. 배은망덕하다고 생각하진 말아 줘요."

이렇게 중얼거리고 잠자리에 들었다.

깊게 잠들지 못하는 수면습관 탓이었을까. 자정이 조금 지나고 나서 꿈인지 실제인지 분간이 힘든 장면을 보았다. 어두운 방 안에 할머니의 모습이 보였고 그 주변에서 하얀 빛이 뿜어져 나오고 있었다. 그리고 할머니와 함께 하얀 나비들이 한 무리 날아들어 왔다. 할머니는 마치 마지막 인사를 하러 들른 사람처럼 집 안을 한번 휘 둘러보고는 사라졌다. 아침이 되어 병원에 계신 부모님으로부터 할머니가 돌아가셨다는 전화를 받았다.

✳✳✳

내 여친은
통제 불가

　명리학을 공부하면서 가장 좋았던 점은 내 자신과 삶을 돌아볼 수 있어서였다. 우주라는 거대한 공간 속에서 인간이란 얼마나 작은 존재인가를 생각하게 되니 겸손해지기도 한다. 더해서 인간은 도저히 이해할 수 없는 점이 너무 많은 존재란 것이고 그렇기 때문에 이해를 하려고 애쓰지 않아도 된다는 것이었다. 봐줄 수 있으면 봐주고 정 안 되면 안 보도록 노력하는 방법밖에는 없다는 것이다. 그런 단순명쾌한 정답이 있는데도 불구하고 마음대로 안 되는 것이기에 인간사가 고된 것일 테지만 말이다.

　한 남자가 여자친구와의 문제를 상담하러 왔다. 낭비가

너무 심해서 돈을 몇 번 빌려줬음에도 불구하고 낭비벽을 못 고치고, 감정기복이 너무 심해서 조증과 우울증을 오간 다고 했다. 한마디로 자신을 통제하지 못한다는 소리다. 자신의 행동에 책임을 지지 못하고 감정통제가 어렵고 즉흥적으로 행동하고 또 후회하고. 여자친구로 인해 그동안의 마음고생을 한 기색이 역력했다. 그럼에도 여자친구가 나아지길 바라는 마음에서 상담을 온 것이다. 두 사람의 인연의 끈도 상당히 질긴가 보다 싶었다.

여자 친구의 사주에 대해 설명해 주면서 소위 말하는 신병의 증상일 수도 있다고 귀띔을 해주었다. 자신의 통제능력을 벗어난 기운에 의해 영향을 쉽게 받음으로써, 자신의 의지와는 상관없는 일들을 자꾸 벌리게 되는 것이다. 그 남자도 어느 정도는 예상을 한 눈치였다.

"이런 증상이 있으면 모든 사람이 무당이 되는 거예요, 선생님?"

걱정스러운 듯 물었다.

"그렇진 않아요. 일단 여자친구를 한번 데려와 보세요. 명리공부를 해보는 것도 좋은 방법이 되지 않을까 싶네요."

남자는 그러마 하고 약속을 한 후에 돌아갔다.

한 사람의 정성과 사랑으로 타인의 태생적 문제를 고칠 수 있다면 얼마나 좋을까 싶다. 사랑의 힘을 무시하는 것은 아니다. 인간에게 남은 마지막 보루가 사랑이긴 하지만 사랑이 모든 문제의 해결책이 될 수 없다는 사실이 슬픈 것이다. '그래서'가 아니라 '그럼에도 불구하고' 사랑해야 한다는 소리다. 사랑의 대가로 상대방의 아픈 상처가 나을 수 있다면, 상대도 어쩔 수 없는 나쁜 버릇이 고쳐질 수 있다면, 상대의 우울증이 나을 수 있다면... 등등등등등이다.

누군가가 진 빚을 갚아 주는 행위는 많은 것을 의미한다. 자본주의 시대에 돈은 사랑이라는 무형의 성질을 유형의 것으로 구체화시키기에 더할 나위 없이 매력적임에는 틀림 없다. 또한 가장 짧은 순간 최소한의 행위로 상대의 마음을 내 곁으로 당겨 올 수 있는 가성비(비용에 대한 가성비가 아니라 행위에 대한 가성비임) 좋은 수단이기도 하다.

하지만 슬프게도 사람의 마음은 자신을 옥죄던 고통이 상대의 작은 몸짓으로 한순간에 사라지는 것을 맛본 이후에는 또 다른 고통도 그렇게 가볍게 날려주기를 기대하는 몹쓸 기대심리를 갖는다. 그 기대심리에 응해 주지 못할 경우에는 최초의 감사함도 시간이 지남에 따라 빛이 바래게 된다. 돈으로 사람의 마음을 산다는 것은 그렇기에 가장 신속하지만 휘발성이 가장 강한 애정과시 행위 중 하나이다.

그녀의 외모에서 풍기는 성적 매력은 남자친구가 어떤 마음으로 빚을 갚아 주고 마음고생을 하면서까지 그녀와의 관계를 이어 가는지 충분히 이해할 수 있을 정도였다. 그녀의 사주를 보면 그녀 자신은 물이지만 큰 땅에 둘러싸여 있어서 자신의 뜻대로 흐르지 못하는 모양새였다. 엄청난 스트레스를 견디면 크게 될 사주인데 그러기에는 본인의 기운이 너무 약했다. 그러니 쉽게 남자에게 기대고(땅의 기운이 그녀에게는 남자를 의미한다) 의지하게 되는 형국인 셈이다. 굳이 애쓰지 않아도 남자들이 자신을 도와주겠다고 나서니 스스로 문제를 해결할 능력을 갖출 틈이 없다고 해야 맞는 소리일 것이다.

또한 전생의 카르마가 센 사람일수록 성적인 매력이 강하다는 글을 본 적이 있다. 그렇게 센 카르마를 가진 사람과 인연이 된 사람들 또한 그 기운에 엮여 평탄치 않은 경험을 하게 된다고 한다. 그리 강하게 엮이는 에너지를 상대는 사랑이라는 감정으로 해석할 것이 분명하다. '이렇게 강하게 끌리는 감정이 사랑이 아니면 무엇이란 말인가'로 자신을 대변하면서 말이다. 강한 끌림일수록 악연의 고리도 깊은 법이다.

그녀는 내게 상당히 호의적인 태도를 보였다. 그녀의 사주에 대해 전반적인 설명을 해주고 명리학을 함께 공부해 볼 것을 권했다. 두 사람은 흔쾌히 배우겠노라 했다. 자신에게 일어나는 일이 명리학적으로 어떻게 해석되는지 궁금했던 모양이었다. 그렇게 그와 그녀는 몇 주간은 열심히 공부를 하러 왔다. 어떻게든 사랑을 지키고 싶어 하는 남자의 노력이 눈물겨웠으나 공부를 통해 인생을 바꾼다는 것은 허울 좋은 소리일지도 모른다. 자신의 내장 깊숙이 박힌 전생의 습을 토해 내지 않으면 절대 바뀌지 않는 것이 인생이니까 말이다.

어느 날 그녀 혼자서 수업을 듣고 있었다. 칠판에 판서를 하고 돌아섰는데 그녀가 눈을 반짝거리면서 날 유심히 주시하고 있었다. 다른 때와는 다른 눈빛이었다. 무언가 하고 싶은 말이 있는 표정이었다.

"할 말 있어요?"

그녀의 의도를 파악하고 내가 먼저 물었다.

"선생님한테서 빛이 나요. 엄청 눈이 부셔요."

물론 그녀의 눈에만 보이는 빛이었을 것이다. 내게 호의를 가지고 있었던 그녀였기에 보였을 거라고 생각했다.

　자신에게서 빛이 난다는데 싫은 사람이 어디 있을까. 하지만 빛이 난다는 것이 어떤 의미인지는 확실하게 들어 보고 싶었다.

　"그동안 안 보였던 것이 오늘 갑자기 보인 거예요?"

　그동안 만났던 신기가 있는 사람들이 내게서 이런저런 것들이 보인다는 소리를 몇 번 들은 적이 있었다. 보는 사람마다 조금씩 다르게 이야기했기 때문에 명확하게 짚이는 것은 없었다.

　내게는 그런 능력이 없기 때문인지 타인에게서 뭔가가 보인다는 사람들의 이야기는 언제나 흥미로울 수밖에 없는데 더군다나 그 주인공이 나라면 오죽할까.

　"네 그동안은 안 보였어요. 오늘따라 유난히 밝은 빛이 선생님한테서 나오네요. 사실 선생님은 이런 작은 강의실에서 강의하는 것보다는 여러 곳을 이동하면서 많은 사람들을 만나는 것이 훨씬 잘 어울려요."

　"나도 그러고 싶긴 한데 아직은 때가 아닌 거 같아요."

　그녀가 본 빛의 의미는 무엇이었을까? 나의 미래였을까

아니면 그저 순간적인 영혼의 반짝임이었을까? 신기 있는 사람들이 보았다고 주장하는 모든 말을 곧이곧대로 믿어서는 안 된다는 것은 알고 있다. 그들이 본 것의 진위여부를 떠나 들은 사람의 믿고 싶은 마음이 크다는 것도 알고 있다. 나는 그 순간에 그녀가 본 것이 나의 미래이길 바랐다. 미래의 내가 그때의 나에게 보내는 희망의 메시지라고 해석하고 싶었다. 그 신호를 그녀가 내게 읽어 준 것이라고 믿고 싶었고, 그녀가 내게 온 이유가 그것이라고 그에 걸맞은 해석을 했다.

생각해 보니 그녀 이전과 이후에 만났던 사람들 중에 힘든 순간순간을 버텨 내라는 신호를 읽어주기 위한 존재들이 있었던 것도 사실이다. 나 또한 내게 상담을 신청해 온 사람들에게 그러한 신호를 읽어 주는 존재로서 역할을 해왔던 것 같기도 하다. 그렇게 우리는 서로에게 미래가 보내는 신호를 읽어 주는 사람들인 것이다.

그와 그녀의 수업은 그렇게 오래 가지는 못했다. 그녀의 증상이 점점 심각해지고 있었다. 가끔씩 그를 통해 그녀의 소식을 듣는 것이 전부였고 어느 순간 그도 발길이 뜸해졌다. 한번 인연이 맺어진 사람들이 멀어졌을 때 할 수 있는 최선의 방법인 잘 지냈으면 하는 마음속 기도를 해줄 뿐이었다.

몇 개월 후 그녀는 느닷없이 나를 찾아왔다. 갈 때도 마음대로 올 때도 마음대로였다. 난 그저 오면 오는 대로 가면 가는 대로 그 자리에서 그녀를 대할 수밖에 없는 처지였다. 사실 내가 하는 일이라는 것이 그런 것이었고 인생이란 것이 오고 가는 데에 누군가의 허락을 받을 필요는 굳이 없는 것이기도 하니까. 그래도 한때나마 나를 좋아하고 잘 따랐던 그녀였기에 다시 보니 반갑기도 하고 나를 다시 찾아 주어 고맙기도 했다.

타로를 배우고 싶다고 했다. 이미 한 번 그녀를 겪어 보았기에 처음의 의지와는 분명 달라질 것을 알고 있었지만 그녀가 조금이라도 날 통해 나아졌으면 하는 마음으로 내가 쓰던 타로카드까지 주면서 타로 수업을 해주었다. 그녀를 흔드는 여러 혼령들의 기운은 여전히 남아 있었고 점점 더 심해질 뿐이라고 했다. 내가 그녀를 위해 마음속으로 올리던 기도 빨이 영 시원찮았던 것이다.

사실 그녀는 신내림을 준비하고 있었다. 내림굿을 하는데 들어가는 비용이 너무 비싸서 모으는 중이라고 했다. 내가 만났던 사람 중에는 신기는 있었지만 무당이 되지 않은 사람들도 있었다. 단지 그녀가 무당이 되려고 하는 것은 신기가 있어서만은 아니었다. 자신을 쥐고 흔드는 혼령들을 잠재우는 방법은 자신이 무당이 되는 방법밖에는 없다는 결론을 내렸기 때문이었다. 그녀도 고통스러웠을 것이다. 육신이 저지르는 행동이 자신의 의지에서 나온 것이 아니란 사실이 깨달을 때면 얼마나 절망스러웠을까.

내가 그녀의 고통의 깊이를 미처 헤아리지 못했을 수도 있었을 것이다. 젊고 매력적인 여성이 무당이라는 타이틀을 짊어지고 평생을 살아간다는 것이 한편으론 안쓰럽기도 했다. 그냥 타로를 배워서 지금 하고 있는 일과 병행하면서 신기를 조금씩 해소하면서 사는 방법도 있지 않느냐면서 내림굿을 다시 한 번 생각해 보길 권했다.

그런 대화를 하는 도중에 그녀와의 관계에 쐐기를 박는 말을 하고 말았다.

"사람이 사람 속에서 살아야지 굳이 왜 귀신들하고 지내려고 해요?"

지금 생각해 보면 나의 오지랖일 수도 있었겠다 싶다. 그녀의 입장에서 생각하기보다는 그녀가 힘든 길로 들어가지 않았으면 하는 내 바람이 컸던 것 같다. 그 당시 나란 사람은 영혼이 없는 사람보다는 진정성 있는 귀신을 더 선호하던 시절이었기 때문에 귀신의 존재를 격하시키려는 의도로 한 말은 아니었다.

내 말의 의도를 그녀가 몰랐을 리 없다. 하지만 그녀는 자신을 흔들고 있는 영혼들의 힘을 당해 낼 능력이 없었다. 그녀는 내게 섭섭함을 숨기지 않았고 한마디 말을 남기더니 다시는 날 찾아오지 않았다.

"선생님도 힘들 때 귀신한테 궁금한 거 물어보시면서 왜 귀신을 무시하는데요?"

사실 그녀가 내게서 보이는 것들이 어떤 것인가 물어본 적이 있었다. 상황이 답답할 때는 누구라도 붙잡고 답을 구하고 싶은 것이 사람의 마음이니까. 그녀 나이에 걸맞은 생각과 말이었다. 이미 그녀의 머릿속에는 자신보다는 자신을 좌지우지하는 귀신의 존재가 더 많은 부분을 차지하고 있었던 것이다. 지금쯤은 내림굿을 하고 무당이 되어 있을까?

✤ ✤ ✤

올 때마다
같은 질문을 하는 여자

3년 동안 같은 질문만을 하는 여자가 있었다. 그녀는 너무나 단조로운 삶을 살고 있었고 30대 후반이 되도록 제대로 된 연애 한 번 못 해본 사람이었다. 그러던 그녀의 인생에 한 남자가 들어왔다. 회사 거래처의 대표였는데 하필 그는 유부남이었다. 그녀는 회사의 입찰과 경리를 담당하고 있는, 거래처 입장에서 보면 친해져서 나쁠 것 없는 위치였다. 그녀가 가진 회사에서의 입지 때문에 그녀에게 접근했을 가능성도 배제할 수는 없었다.

궁합적으로 보면 두 사람의 관계가 충분히 짐작되었다. 그녀는 물의 기운인 수기운이 너무 많았고 그 남자는 나무의 기운인 목기운이 많았다. 수는 목에게 어머니와 같은 존재로 나무에게 물을 주어 키우는 그런 관계인데 그녀 입장에서도 자신에게 너무나 많은 수기운을 그 남자를 통해 덜어 낼 수 있기 때문에 그 남자에게 끌리는 것이었다. 사주를 보니 의심이 확증이 된 셈이다. 사람의 본능은 어떤 정보보다도 빠르고 정확하다. 그 남자는 본능적으로 그녀가 자신에게 도움이 되는 사람임을 알아챘을 것이다. 그녀 또한 그 남자를 도와주는 것이 기뻤을 것은 뻔한 일이었다.

그녀는 자주 날 찾아왔는데 질문은 늘 똑같았다. 그 남자의 마음이 궁금하다는 것이었다. 처음에는 잘 몰랐는데 볼수록 그녀는 타인과의 소통에 문제가 있는 사람이었다. 일반적으로 대화를 한다는 것은 화두를 하나 던지면 탁구처럼 왔다 갔다 하면서 진도를 나가야 하고 그러다 끊기면 그 지점에서부터 다시 새로운 화두를 꺼내고 또 왔다 갔다 하는 과정을 거치기 마련이다.

그러나 그녀는 마치 커다란 웅덩이 같았다. 내가 하는 말들이 모두 그 웅덩이에 빠져서 나올 줄을 몰랐다. 대신 그녀는 자신이 하고 싶은 이야기들을 맥락 없이 내뱉었고 나의 말 중 자신이 듣고 싶은 단어만 취해서 들었다. 나는 점점 지쳐 갔다. 시간이 지날수록 그녀가 날 찾아오는 것이 엄청난 스트레스로 작용하기 시작했다.

한편으로 안쓰럽기도 했다. 사주에 물기운이 너무 많은 그녀, 그 물기운이 관성*으로 작용해서 어딜 가도 그녀는 강박이 심했는데 그 강박이 그녀를 자연스럽지 않은 행동을 하게 만드는 것이었다. 관성이 적당할 경우에는 자신의 행동을 통제하여 사회성을 좋게 만드는데 지나치면 오히려 행동이 자연스럽지 못한 결과를 초래한다. 마치 정신이란 것이 어떤 강한 힘에 버티다 임계점을 넘어 버려 무너져 내린 채로 살아가는 느낌이랄까. 그래도 다행인 것은 인간관계는 조금 문제가 있었지만 직장생활은 잘해 나가는 듯 보였다. 내게 몇 년째 왔지만 직장은 계속 다니고 있었으니까.

그녀의 말에 의하면 처음에는 그 남자가 먼저 그녀에게 호감을 표시했다고 한다. 어느 날 남자의 집에서 파티가 있었고 그녀는 회사대표로 초대를 받았다. 그런데 그 남자의 와이프가 자신을 이상하게 보더란다. 이야기를 종합해 보니 그 남자가 전에도 거래처 여직원과 염문을 뿌린 적이 있었던 거 같았다. 그리고 그녀의 다소 자연스럽지 못한 행동이 와이프로 하여금 의심을 품게 만들었던 것으로 추측된다.

하지만 그녀는 그것을 다르게 해석하고 있었다. 그 남자가 자신이 나타나자 행동이 부자연스러운 걸 보고 와이프가 의심을 했다는 것이었다. 그녀는 그 남자도 자신에게 감정이 있는 것이라고 확신하고 있는 것 같았다. 게다가 자신과 그가 어떤 특별한 인연이라고 믿고 싶어 하는 듯 보였다. 자신만의 세상과 생각에 푹 빠져 있는 사람이었다.

장마철이면 집중호우로 인해 집들이 잠기고 가재도구들이 물에 둥둥 떠다니는 광경을 뉴스를 통해 자주 접하게 된다. 수기운이 지나쳐서 생기는 현상이다. 그녀의 사주에 있는 그 많은 수기운과 어찌 보면 일맥상통하는 광경이지 싶다. 그녀의 머릿속의 생각들도 물에 둥둥 떠다니는 물건들처럼 제자리를 찾지 못한 듯 보였기 때문이다. 누군가 그녀의 사주에 있는 다량의 물을 펌프질을 해서 퍼내 줘야 할 것만 같았다.

날이 갈수록 그녀의 상태는 심각해졌다. 이야기를 들어보면 그 남자와의 에피소드는 초반에 발생한 몇 건이 전부였다. 그 뒤로 남자가 몸을 사리는 듯 그녀를 경계하기 시작한 것 같았다. 아마도 그 남자는 두려웠을지도 모른다. 그녀의 어딘가 어색한 행동이 어떻게 변할지 예측할 수 없었기 때문이었을 것이다. 게다가 타인이 눈치챌 정도로 그녀는 자신의 감정을 숨기지 못하는 타입이었다.

타로를 뽑아 보면 한 번도 남녀가 함께 나오는 카드나 감정을 나타내는 카드들이 나오지 않았다. 대신 남자의 모습이 그려진 카드들이 주로 나왔는데, 이를 통해 남자가 그녀를 어떻게 생각하는지 알 수 있었다. 남자의 모습이 나왔다고 해서 그가 그녀를 남자로 생각한다는 것을 의미하지는 않는다. 그러나 감정을 의미하는 카드가 아닌 이상 주로 남자가 등장한다는 것은 그녀를 여자의 이미지로 보고 있지 않다는 것만은 확실했다.

나는 초반에는 그 사실을 있는 그대로 그녀에게 말해 주어야 하나 고민했다. 그녀는 회사와 집 이외의 취미생활이나 여가활동을 하는 것 같지 않아 보였다. 다른 사람들과 어울리기도 쉽지 않은 성격이기도 했다. 그런 그녀에게 한 사람에 대한 감정을 품고 그를 생각한다는 것은 지루한 일상을 벗어날 수 있는 유일한 탈출구였을 것이다. 나는 구름 잔뜩 낀 하늘에서 빼꼼하게 비치는 한줄기 빛과 같았을 기뽑을 빼앗기 싫었다.

"그 사람의 마음이 궁금해요. 저에 대해서 어떻게 생각하는지요."

질문은 토시 하나 변하지 않고 늘 그대로였다. 타로를 뽑아 보았다. 역시나 큰 변화는 없었다. 어느 시점이 되자 이제 그녀도 알 건 알아야 하지 않을까 하는 생각에서 말을 꺼냈다.

"여기 주로 남자의 모습이 그려진 카드들이 나오죠? 그것도 부드러운 남자의 이미지가 아니라 딱딱한 이미지들이잖아요."

그녀의 표정을 살폈다. 센스가 빠른 사람이었다면 여기까지 듣고서도 뉘앙스를 파악했을 것이다.

하지만 그녀가 누구인가. 거의 3년 동안 같은 질문을 반복한 사람이 아니던가. 자기만의 소신이라면 소신이자 줏대라면 줏대가 상당히 강한 여자란 말이다. 그런 그녀가 타로 몇 장에 대한 해석을 듣고 눈 하나 깜짝할 것이라 생각한 내가 순진했다.

"무슨 의민데요?"

나의 의도를 전혀 눈치채지 못한다는 듯한 표정과 말투

였다. 이 여자 정말 강적이구나. 사실대로 말한다고 한들 과연 받아들일 수 있을까 싶은 의문도 들었다.

"보통 남자들이 여자를 생각할 때 그 여자에 대해 이성적인 느낌을 가지고 있을 경우, 여성의 이미지가 보이는 카드나 아니면 감정과 열정을 나타내는 카드가 나오기 마련이에요."

여기까지 이야기하고 그녀의 얼굴을 찬찬히 살폈다. 저 여자가 정말 나의 의도를 모르고 하는 소린가. 정말 모른다면 내가 그녀를 파악한 것보다 심각한 상황이었다.

나의 걱정과는 달리 그녀는 '아무것도 몰라요' 식의 천진난만한 표정을 짓고 있었다. 나이 40에 이렇게나 사람의 감정에 대해 무지하다니. 사실대로 말한다고 그녀가 달라질 거 같지는 않았다. 차라리 계속해서 일상의 아주 작은 설렘을 갖고 살게 두는 게 나을지도 모른다는 생각이 들었다. 상대가 들을 마음이 안 되어 있는데 굳이 내가 악역을 자처할 필요가 있을까도 싶었다. 원래 하려던 이야기를 꾹 참고 그냥 이렇게 말해 주었다.

"처음에는 감정카드들이 좀 나오고 그랬는데 언제부턴가 남자분의 마음에 큰 변동이 없어요. 최근에 만나신 적 있어요?"

"아 생각났다. 작년 여름에요. 제가 그 사람 사무실에 뭘 가지러 간 적이 있었는데 마침 나오는데 비가 오더라고요. 그 남자가 기다리라면서 우산을 가져다줬어요. 뭔가 하고 싶은 말이 있는데 엄청 망설이는 눈치더라고요. 그러면서 '서류 다 되면 연락할게'라고 하더니 올라갔어요. 그 말이 무슨 뜻일까요?"

"입찰에 필요한 서류를 말하는 거 아닐까요?"

맥락상 떠오르는 서류가 그것뿐이었다. 두 사람 사이에 서류는 일적인 서류 외에는 떠오르지 않았다. 하지만 그녀의 대답은 전혀 달랐다.

"아니요. 필요한 서류는 이미 제가 다 준비해 놓은 상태였는데요."

"아 그래요? 그럼 과연 그 서류라는 것은 뭐죠?"

바로 그때 상상력이 부족한 나로서는 도저히 도출해 내기 힘든 답이 그녀 입에서 나왔다.

"이혼서류를 말하는 게 아닐까요?"

역시 수기운이 많으면 생각이 많고 그에 더해 상상력도 좋은 게 맞나 보다. 물론 그와 그녀가 썸을 탔던 시기에 일어났던 사건이니 가능성을 전혀 배제할 수는 없는 일이었다. 아무리 그녀가 타인의 감정을 읽는 데 서툰 사람이라 할지라도 일말의 빌미도 없는 일을 혼자서 뻥튀기 할 정도의 망상을 가진 여자는 아닐 거라 믿고 싶었다.

"이혼서류요? 두 분의 사이가 그 정도로 심각했어요?"

상식선에서 생각해 보면 어이가 없는 일이긴 했지만 그동안 겪었던 일련의 일들을 생각해 보면 0.000001%의 가능성에도 주목해야 했다. 덕분에 비쩍 골았던 내 상상력에 어느 정도 살집이 붙어 가고 있었다.

"믿어선 안 되는 몇 가지 거짓말이 있는데, 그중 하나가 유부남이 이혼할 거라는 소리예요. 상대로 하여금 기대를 갖게 해서 자신에게 더 몰입하게 하는 거죠. 사람 말을 너무 믿지 마요. 그 순간에는 진실이지만 행동으로 옮길 수 없는 말은 다 거짓말이 되는 거예요. 누구는 처음부터 작정하고 거짓말하나요?"

철없는 동생을 다독거리는 심정으로 그녀를 설득하려고 애썼다. 그 남자가 초반에는 어떤 행동을 했을지 모르지만 그녀를 알아 갈수록 이혼을 결심했을 리 없다고 감히 장담했기 때문이었다.

내가 본 것을 상대도 볼 수 있다고 생각했던 것은 허리케인급 오산이었다. 그녀는 그가 말한 서류가 '이혼서류'일 거라고 90% 확신하는 눈치였다. 그녀의 사주를 떠올렸다. 하나의 생각이 쓰나미처럼 몰려와 그녀를 삼켜 버릴 수도 있는 물바다란 사실을 간과한 것이었다. 그녀는 믿고 있는 눈치였다. 그 남자의 '서류'를 기다리고 있는 눈치였다. 그 정도 해프닝에 이혼을 각오할 남자는 지구상에 없을 것이란 사실을 모를 정도로 순진한 여자였다.

어느 날 문을 열고 들어오는 그녀의 얼굴이 다소 상기되어 있었다. 혹시 그 남자와의 관계에 어떤 변화라도 생긴 것일까.

"신기한 일이 있었어요. 아니 어쩌면 그럴 수가 있죠?"

늘 같은 질문만 받다가 화제가 전환되니 너무 반가웠다. 멈춰 있던 그녀 운명의 시계 초침이 조금 움직이기라도 한 것일까. 제발 그녀에게 어떤 일상의 신선한 충격이라도 날아오길 바랐다.

"외근 갔다가 오는 길인데 갑자기 배가 너무 아픈 거예요. 그래서 버스에서 내려서 근처 건물 화장실에 가야겠다 생각하고 내렸는데요, 전혀 의도한 게 아닌데 그 남자 사무실이 있는 건물인 거 있죠."

"신기하긴 하네요."

이렇게 말을 하면서도 많은 건물 중에 그리로 갔다는 건 그 남자를 너무나 그리워한 그녀의 무의식이 그녀를 데려 갔을 수도 있겠다 생각했다. 우연의 일치일 수도 있고. 아 무튼 설마 이 이야길 하려고 그렇게 호들갑을 떨진 않았을 테고.

"화장실 갔다가 나오는데 누굴 만났는지 아세요?"

"누구요? 설마 그 남자요?"

그 남자 사무실이 있는 건물이니 만날 가능성이 가장 높 은 사람은 그일 것이다. 물론 못 만날 수도 있다. 하지만 그 를 만났다는 것만으로 저렇게 얼굴이 상기돼서 왔을 리가 없다는 생각이 들었다.

"그 남자 와이프요."

오잉? 그 남자의 부인을 만난 것이 그녀를 저렇게 들뜨게 하는 일일 수 있을까?

"남편 사무실에 볼일이 있어 왔나 보죠. 그런데 그 와이 프를 만난 일이 그렇게 신기한 일인가요?"

그녀는 나를 이해 못 하겠다는 듯이 말했다.

"내가 그 남자 사무실이 있는 건물 화장실에 갔다가 그 남자를 만나는 거보다 그 남자 와이프를 만난 게 더 신기하지 않아요?"

"신기하긴 하죠. 우연의 일치 치고는요. 마침 딱 그때 만난 것도 웃기고. 예전에 그 남자 집에서 보고 그 이후로 처음인 거죠?"

그녀는 내게 해줄 말이 많은지 내 얘기는 듣지도 않는 눈치였다.

"그런데 그 와이프가 날 알아보더라고요."

아, 이래서 흥분했구나.

"제가 계단을 내려가고 그 사람은 올라오고 있었는데 한참 뒤에 저도 기억이 나서 올려다보니까 절 보고 있더라니까요."

"어머나 시간이 꽤나 흘렀을 텐데. 딱 한 번 보고도 기억을 한다는 건 그만큼 강한 인상을 준 건데, 진짜 그 남자와 의심을 하긴 했나 봐요."

이제야 고요한 호수처럼 잔잔한 그녀의 일상에 물결이 일렁였던 이유를 알 거 같았다. 그녀는 그 남자와의 관계가 자기 혼자만의 착각이 아니었음을 다시금 확인한 사실이

기뻤던 것이다.

"좀 있다가 그 남자한테 전화가 왔어요."

어라, 이것 봐라. 생각보다 심각했던 사인가? 그녀의 말만 들어서는 썸을 좀 타다가 말았던 관계였는데.

"그 여자가 남편한테 뭐라고 했나 봐요. 정말 둘이 뭔가 더 깊은 사연이 있던 거 아니에요?"

사실 그런 사건이 있었다면 숨기지 않고 말했을 그녀란 것을 누구보다 내가 잘 알고 있었다.

"없었다니까요."

그녀는 단호할 땐 엄청 단호한 구석이 있었다. 그녀가 아니라면 아닌 거 맞다.

"그 남자가 아마 그런 전적이 있어서 저까지 의심을 한 거 같아요. 암튼 그 남자가 왜 여길 왔냐고 하더라고요. 그래서 화장실이 급해서 그런 거였다라고 말했는데 하필 왜 자기 사무실 있는 건물에 와서는 의심을 받게 하냐고 막 따지더라고요."

"기분 나빴겠어요. 괜히 의도하고 간 걸로 생각할 거 아니에요."

신기하게 그녀의 얼굴이 기분 나쁜 표정이 아니었다. 아 그녀의 머릿속엔 대체 뭐가 들은 걸까. 그러고는 또 이 소리만 반복하다가 갔다.

"왜 하필 거기에 내리고 왜 하필 거기서 그 와이프를 만났을까?"

그녀는 그 남자가 자기에게 화를 내든 말든 별 관심이 없어 보였다. 자신이 생각하고 있던 그 남자와의 인연이 자기 혼자만의 착각이 아니었단 사실에 기뻐하는 눈치였고 더 나아가 그 사람과 자신이 특별한 인연의 끈에 묶여 있다는 확신으로 안도의 한숨을 내쉬는 듯해 보이기도 했다. 사실 어떤 사이로 발전하느냐를 따지지 않는다면야 사람들의 어느 정도의 인연의 끈으로 연결되어 있는 존재들이 맞다. 한 가지 특이한 것은 그녀와 그 남자의 와이프가 서로 겹재* 관계라는 사실이다. 그 남자를 사이에 둔 경쟁자 관계라는 것이다.

숍을 정리하면서 그녀와는 자연스럽게 멀어졌다. 나의 전화번호를 알고 있는 그녀였지만 멀어진 나에게 연락해서 그 남자와의 사연을 주저리 떠들 정도의 염치없는 사람은 아니었다. 그녀와 이야기하다 보면 머리가 아파 오긴 했지만 착한 사람이었고 측은한 마음이 들기도 했었다. 그 많은 물기운을 빼줄 누군가를 빨리 만났으면 하는 마음도 들었다. 지금쯤은 새로운 누군가를 만났을까 아니면 아직도 그 남자와의 잡힐 듯 말 듯한 관계를 이어 가고 있을까?

* **관성** 자신을 통제하는 능력이다. 적당하면 자신뿐 아니라 타인에게도 권력을 행사할 수 있는 힘을 의미하기도 한다. 본인의 기운이 강해야 제대로 사용할 수 있다.

* **겁재** '재물을 겁탈한다'는 의미를 갖는 말로, 하나를 두고 경쟁하는 관계를 일컫는다. 보이는 자신 외에 내면에 숨겨진 자신을 의미하기도 한다.

❋ ❋ ❋

빙의의 증상을
보이는 남자

사업운을 자주 보러 오는 여자분이 어느 날 한 남자의 사주를 내밀었다.

"선생님, 이 사주 어때요?"

재성*이 너무 많아 재다신약*인 데다 너무나 건조한 사주였다. 자신은 나무의 기운이었지만 물이 부족해서 늘 목마르고 조후*도 맞지 않는 탓에 정신적으로도 피폐해질 수 있는 상황이었다. 설상가상으로 대운의 기운이 본인 사주 원국에 있는 글자와 만나서 귀문관살*까지 이루는 형국이었다.

"이 분은 자기가 내키면 질러야 되는 성향일 거 같아요.

욕심이 많다고 해야 하나 아니면 하고 싶은 게 많다고 해야 할까요. 그래서 정작 지켜야 하는 것을 지켜 낼 힘이 없네요. 충동적 성격도 있을 거 같고요. 뭐 하나에 집중하기도 힘들 거 같고요."

"선생님 얘기가 다 맞아요. 딱 이 남자 성격이에요."

거짓말 조금 보태서 나를 존경의 눈빛으로 쳐다보았다.

"혹시 이 남자한테 이상한 것 안 보이시나요?"

뭔가 하고 싶은 얘기가 있는 게 분명한데 바로 이야기를 꺼내지 않고 자꾸만 나를 시험하듯이 말을 빙빙 돌렸다.

"이 정도 사주에 지금 대운에 귀문관살이 형성된 걸 보면 이런 말씀 드리는 게 조금 그렇지만 정신과 치료를 받고 계실지도 모르겠네요."

여자의 표정의 가려운 곳을 긁어 주었다는 듯이 밝아졌다.

"이 사람 요즘 자꾸 눈이 빨개지고 자면서 헛소리를 해서 제가 찍어 왔어요. 한번 보세요."

그 여자가 내민 동영상을 지켜보았다. 조용히 자고 있던 남자의 얼굴이 시간이 지날수록 조금씩 일그러지면서 눈을 떴는데 눈동자가 온통 빨갛게 충혈이 되어 있었고 알아들을 수 없는 말들을 중얼거렸다. 정상적인 사람의 모습이 아니었다. 흡사 괴물과도 같았다.

"어머 어쩜 좋아요. 귀신 들린 거 같네요. 빙의 같기도 하고요."

"친구로 오래 알다가 최근에 사귀게 된 사람인데요, 자기가 요즘 너무 이상해진다면서 자기를 좀 찍어 달라 하더라고요. 그래서 자는 동안 찍어 봤는데 저도 너무 놀라서 가슴이 벌렁거리네요. 명리적으로 어떻게 설명되는지 궁금해서 선생님께 달려왔어요."

비록 영상이었지만 말로만 듣던 '귀신 들린 사람'을 본 것이다.

"와, 이거 쇼킹하네요. 저도 실제로 이렇게까지 심하게 변하는 사람은 처음 봐요. 인격이 몇 시간 간격으로 변하는 사람은 본 적이 있지만..."

영상은 가히 충격적이었다. 그녀는 걱정스러운 듯 물었다.

"이 사람 같은 경우 방법이 있을까요? 보통 이러면 신내림을 받아야 하는 거예요?"

"제가 다 아는 건 아니지만 빙의현상을 겪는다고 다 무당이 되라는 법은 없다고 봐요. 다만 그 현상이 현대 의학으로 고치기 힘든 경우 울며 겨자 먹기로 무당의 길을 선택하는 사람은 본적이 있어요. 하지만 무당이 된다고 해서 모든 문제가 사라지는 것도 아니고... 힘드시겠어요, 그 분."

진심이었다. 진심으로 그 남자분이 안됐다는 생각을 했다. 자신을 지킬 수 있는 정신력이 너무나 약하게 태어난 사주인데 엎친 데 덮친 격으로 대운*까지 도와주지를 않는다. 50이 넘은 나이에 무당이 되는 것도 쉬운 일은 아닐 텐데 말이다. 가만 보면 자연은 참으로 인간에게 가혹할 때가 있다. 도저히 답을 찾을 수 없는 상황으로 치닫게 만들어 버리기도 하니까 말이다.

"사실 제가 선생님께 온 이유는 명리적인 설명을 듣고 싶어서였어요. 무당한테도 이미 가봤어요. 이 사람 여동생도 지금 제정신이 아니에요. 무당은 이 사람보다는 여동생이 신내림을 받아야 하지 않겠느냐고 말하더라고요."

하기야 저런 증상을 뻔히 보고 신내림을 생각해 보지 않았다면 거짓말일 것이다. 그런데 여동생까지 저런 증상이 나온다는 것은 그 가족에게 대물림되는 카르마일 수 있다. 물론 유전적으로 정신적 질병이 있는 가족일 수도 있다. 현대 의학에서 명명하는 질병적 현상을 무시하는 것은 절대로 아니다. 그런데 현대 의학으로는 풀리지 않는 현상도 분명 존재한다.

"남자분의 사주를 보면 자기 통제력이 약하신 분이에요. 정신적으로 그런 부분에서는 충분히 문제가 있을 수 있어요. 그런데 그것뿐만이 아니라 음... 우리 주변에 있는 보이지 않는 기운들 즉 쉽게 말해 귀신이란 것들에 의해 조종이 쉽게 되는 사주란 거죠. 이 분 너무 안쓰럽네요."

그녀의 표정이 어두워졌다. 이미 무당에게서 들은 이야기도 있고 본 것도 있으니 어느 정도 짐작은 했겠지만 내게서 쐐기를 박는 이야기를 들으니 더 착잡한 눈치였다.

"방법은 없는 거죠?"

"대운이 지나가기만을 바라야죠. 그 사이에 더 심해지지 않고 문제 일으키지 않도록 주변에서 잘 챙겨 주고 스스로도 본인의 상태를 알아서 할 수 있을 정도는 노력을 해야 해요. 술이나 도박 또는 섹스처럼 자극적이고 충동적인 행동을 유발하는 것들은 가급적 삼가시는 게 좋긴 한데... 지금 저 상태로는 오히려 더 찾을 거 같네요."

"맞아요. 갑자기 어떤 게 하고 싶다 하면 그걸 해야 직성이 풀리고 못 하게 막으면 아주 난리를 치더라고요. 그건 왜 그러는 거예요?"

나는 잠시 머뭇거렸다. '전설의 고향'에 나오는 귀신 이야기의 느낌이 나지 않도록 하면서 인간이 얼마나 보이지 않는 기운에 의해서 조종당하기 쉬운 존재인지를 설명하기 위해서 어조를 가다듬었다.

"사람에겐 육체가 있는데 귀신은 육체를 가지고 있지 않아요. 귀신은 인간의 육체가 탐이 나는 거죠. 하지만 인간에 겐 자아(사고, 감정, 의지, 체험, 행위 등의 여러 작용을 주관하며 통일하는 주체)라는 것이 있어서 자신의 의지로 행위를 통제하려는 욕구가 있어요. 그런 자아가 강한 사람들에게는 귀신이 함부로 침범할 수 없어요. 자아가 약한 사람에게 침투해야 그 사람의 육체를 마음대로 움직이기 쉬운 법이니까요."

"이 사람은 그 자아라는 것이 약한가요 그럼?"

"네. 이 분은 자기 내면에 집중하기보다는 욕망이 외부로 향해 있어요. 그러니 중심이 약할 수밖에 없는 이치가 되는 거죠."

조금 이해가 된다는 표정이었다. 나는 말을 이어 나갔다.

"기본적으로 그런 사람에게 귀문관살이 형성되면 더욱 스스로의 통제능력이 떨어지기 때문에 더 쉽게 귀신의 타깃이 되는 거예요. 그 사람의 육체를 통해 본인이 원하는 쾌락을 맛보고 싶은 거죠. 그러니 주로 자극적인 것들을 찾는 거예요. 이 시기에 그 분이 하고 싶다고 하는 것들은 사실상 진짜 자신이 하고 싶은 게 아니라 자신의 몸속으로 들어온 귀신이 하고 싶어 하는 것들이에요. 저렇게 얼굴이 일그러지고 눈까지 빨갛게 충혈될 정도면 엄청 강한 기운에 의해 지배를 받는 거 같네요."

"제가 도울 수 있는 방법은 없을까요? 옆에서 보고 있기가 안쓰러워서요."

누군들 저런 모습을 곁에서 지켜보기가 쉬울까. 딱히 해줄 게 없다는 사실과 타인의 도움은 한계가 있다는 현실이 곁에 있는 사람을 더 지치게 하는 원인으로 작용하기도 한다.

"어차피 신내림도 힘들다 하고 그걸 한다고 딱히 해결책이 되는 것도 아니니까 정신과에서 약물치료라도 받아 보세요."

근원적 해결책은 힘들지만 약물로 충동적인 행동을 억제해 주는 것도 필요한 처치일 듯 보였다.

"이 분에게 지금 가장 중요한 건 자신을 스스로 통제하는 힘을 기르는 거예요. 아마 무척이나 힘드실 거예요. 노력해도 헛수고라는 생각도 들 거고요. 그래도 어떡해요. 자신이 자신을 지키지 못하면 누가 지켜 주나요. 자극적인 거 재밌는 거 이런 거 말고 아주 소소한 일상의 기쁨을 느낄 수 있는 것들을 찾도록 해주세요. 규칙적인 생활을 할 수 있도록 해주시거나 집중할 수 있는 취미를 갖는 것도 좋은 방법이에요."

인간이 해결할 수 없는 문제를 유일하게 풀 수 있는 것은 시간이다. 어찌 보면 시간이 곧 신인 것이다. 사주원국이 약하고 대운에서도 자신을 도와주는 기운이 들어오지 않지만, 영원한 최악의 상태란 존재할 수 없다. 안 좋은 상황에서도 더 나쁜 때와 덜 나쁜 때가 있는 법이니까. 하지만 시간이 해결해 주는 동안 인간도 분명히 해야 할 일이 있다. 그것은 바로 그 시간을 버티는 일이다.

* **재성** 현실에서 무언가를 얻고자 하는 욕망을 일컫는다. 남자에겐 여자를 의미하기도 하고 남녀 모두에게 돈을 의미한다.

* **재다신약** 재성이 많으면 자신의 기운이 빠져 약해진다는 것을 의미한다. 욕심이 많은데 자신이 약해지니 재물을 지킬 수 없게 되기도 한다.

* **조후** 온도와 습도를 의미한다.

* **귀문관살** 두 개의 글자가 만나 만들어 내는 다소 미스터리한 기운. 귀신이 드나드는 문이라고 칭하기도 한다. 자신의 사주에 두 글자가 붙어 있을 경우에는 영향을 많이 받는다. 정신적이든 감정적이든 예민하고 외골수 기질도 있으며, 부정적으로 발현되면 정신병적인 증상들을 초래할 수 있고 반대로 긍정적인 경우에는 엄청난 집중력을 발휘해서 보통 사람들보다 뛰어난 능력을 가질 수 있다.
자유(子酉), 축오(丑午), 인미(寅未), 묘신(卯申), 진해(辰亥), 사술(巳戌) 등 6가지가 있다.

* **대운** 10년 마다 변하는 하늘과 땅의 운기를 의미한다.

✻✻✻

A의
이야기-1

✻ 남편에게 아내가 있어요

　상담을 하다 보면 필요 이상으로 개인의 사생활에 깊숙이 침투하게 되는 경우가 있다. 본인들이 답답해서 털어놓는 경우가 대부분이지만, 그런 사실을 기반으로 사주를 봐야 더 도움이 되는 얘기를 해줄 수 있기 때문에 내가 묻는 경우도 있다. 이렇듯 어떤 상담이든 간에 내담자의 삶에 상담자가 개입되지 않을 수 없고, 그렇기 때문에 어디까지 개입해야 하느냐의 문제는 항상 중요하다. 너무 이성을 사용해도 안 되고 너무 감정적으로 상대에게 몰입하는 것도 지양해야 한다.

자신에 대해 사정없이 털어놓는 내담자가 있었다. 주로 금전운과 사업운 등을 물으러 왔는데 어느 시점에서부턴가 내가 편하게 느껴졌는지 자신의 사생활을 털어놓기 시작했다. 아이 둘을 키우는 부유한 가정의 주부이자 사업가라고만 생각했었는데 늘 그렇듯이 빛이 있으면 어둠이 있는 법이었다. 그녀가 지금의 남편을 처음 만났을 때 그는 유부남이었다. 그녀는 그 사실을 몰랐고 덜컥 임신을 하게 되었다.

그녀는 이미 한 번의 결혼과 이혼을 겪고 혼자서 딸아이를 키우고 있는 상황이었다. 임신 소식을 듣고 나서야 본인이 기혼임을 털어놓았다는 이 남자의 사악함이란. 자신의 옛이야기를 하다 보니 그때의 감정이 북받쳐 오는지 흥분을 억제하지 못했다.

"임신 소식 듣고 그 남자 내게 뭐라고 했는지 아세요? 날 놓치기 싫어서 일부러 임신을 시켰다는 거예요. 그 천하의 나쁜 놈이..."

그 길로 부모님께 인사를 드렸고 이혼을 하겠노라고 약속까지 굳게 했다고 한다. 그런데 아이가 7살(상담할 당시)이 될 시점까지 이혼은커녕 주중엔 그녀와 주말은 본처와 함께 하는 생활을 해왔다고 한다. 그래서 그 흔한 주말에 가족끼리의 외식이나 놀이동산 나들이 같은 것은 그저 TV 속에서나 벌어지는 먼 나라 이야기였던 것이다.

겉보기엔 모든 것을 가지고 있는 듯이 보이는 그녀에게 사실상 가장 핵심적인 문제가 있던 것이었다. 나의 경우엔 사람이 많은 주말에는 일부러 외출을 안 하는 편이고 한 번도 그런 광경들이 부러움의 대상이 되어 본 적이 없었는데, 그녀를 보니 사람은 자신에게 속하지 않은 행복을 더 갈급하는 듯하다. 그녀에게서 언뜻 보였던 공허감의 근원은 바로 이것이었다.

"선생님 그런 기분 아세요? 다른 사람들에겐 너무나 당연한 일들이 저에게는 세상에서 가장 힘든 일이라는 거요. 그게 그렇게 대단한 거였는지 예전엔 미처 몰랐거든요."

그녀의 이야기를 다 듣고 나니 놀라움과 안쓰러움이 교차했지만 그녀를 위로할 생각은 없었다. 오랜 세월 가슴에 상처로 남았을 테지만 지금은 위로보다는 현실을 받아들이는 편이 더 나을지도 모른다는 생각이 들었다.

"남의 떡이 커 보이는 법이에요. 주말에 어디 놀러가고 밥 먹는 게 무슨 대단한 거예요? 못 하니까 하고 싶은 거지,

막상 하면 또 다른 게 대단해 보일 걸요? 난 말이에요, 사람 많은 주말에 어디 가는 게 제일 싫은 사람이에요. 굳이 그걸로 가족 간의 끈끈함을 자랑하고 싶진 않아요. 평일에 시간 내서 가면 되죠. 그거 말고는 부족할 것이 별로 없는 삶 같은데요? 만일 주말에 가족끼리 자유롭게 다니는 대신 다른 거 내어 주라 하면 어떨 거 같아요? A씨가 그렇게 하고 싶은 주말의 일들을 하고 있는 사람들 중엔 A씨의 여유로움을 부러워할 사람이 훨씬 많은 거 알아요?"

내가 무슨 이야길 한들 그 사람에게 딱 들어맞는 제안을 해줄 수는 없다고 생각해서 그냥 나의 진심을 이야기했다. 경제적으로 힘든 상황을 겪고 있던 나로서는 주말의 어쩌고저쩌고하는 것보다는 금전적인 고민이 없는 생활을 영위한다는 것 자체가 더 부러운 사실이었기 때문이었다. 사람들은 잃기 전에는 그것의 소중함을 깨닫지 못한다. 지금 그녀에게는 풍요로운 삶이 주는 안락함보다 타인에게 화목한 가족 코스프레를 못 하는 것이 훨씬 더 큰 슬픔으로 여겨졌을 것이다.

보이는 삶을 중시하는 것이 보통의 사람들이다. 특히 우리나라 사람들의 삶이다. 스스로가 삶의 주인으로 당당하게 살지 못할 때 나타나는 양상이 타인의 시선에 신경을 쓰는 것인데 그녀에겐 그것이 너무나 강해 보였다. 물론 합법적으로 이루어진 가정이었더라면 상황은 달라졌을 것이다. 그러나 법적으로 인정받는 가정이었다 해도 다른 문제가 생기지 않는다는 보장은 그 누구도 해줄 수가 없는 것이다.

남들에게도 어려운 일이 자신에게도 허락되지 않은 상황에서는 사람들은 크게 좌절하지 않는다. 하지만 타인이 어렵지 않게 행하는 일에 있어서 자신은 예외시 된다는 사실이 그녀를 힘들게 만들었을 것이다. 그녀는 여태껏 이런 얘기를 해준 사람이 없었다며 나에게 명리학뿐 아니라 인문학 공부까지 배우고 싶다고 했다. 이렇게 그녀와 나는 상담자와 손님의 관계에서 스승과 제자의 사이가 되었다.

❋ 남편의 아내와 나는 겁재관계

어느 날 그녀가 누군가의 사주를 보여 주었다.

"그 여자의 사주에요."

그녀 남편의 아내의 사주였다. 다른 건 차치하고라도 참으로 신기한 것은 그녀와 그녀 남편의 아내는 서로 겁재관계였다.

"어쩌면 이럴 수가 있죠?"

너무 신기하고 어이가 없었다.

"왜요?"

그녀는 너무나 궁금하단 표정이었다. 이건 분명 전생에서부터 이어진 악연이었다.

"명리학 용어 중에 겁재라는 말이 있어요. 원래는 내 재물을 뺏어 가는 존재라는 뜻인데, 또 다른 의미로는 돈을 포함한 내 것을 탐하는 존재기도 하거든요. 두 사람은 하나를 두고 서로 경쟁하는 관계란 의미예요. 두 분 다 일간이 토인데 A씨는 큰 땅이고 그 분은 작은 땅이네요. 어쩜 이러냐, 하하하"

그녀는 어이없다는 듯이 실소를 지어 보였다. 가혹한 운명 앞에서 짓는 어이없고 맥 빠지는 웃음이었다.

"사실 보통 인연은 아니잖아요. 이혼을 하고 왔다면 모를까. 어쩌면 내가 그 여자의 것을 빼앗은 입장인 셈인 거죠. 생각해 보면 그 여자도 안됐어요. 한 남자가 두 여자를 힘들게 하네요. 나쁜 놈."

여자의 적은 여자라고 했던가. 처음 얼마간은 그녀에 대해 안 좋은 말을 하곤 했었다. 일반적으로 바람을 피운 건 엄연히 남자가 잘못한 것인데도 여자들끼리 물고 싸우고 하는 경우가 많다.

왜 그럴까에 대해 곰곰이 생각해 보았다. 그 남자에 대한 애정이 남아 있기 때문인 이유도 있겠지만, 결혼한 부부의 경우에는 애정을 떠나 그 남자가 제공하는 경제적인 이유의 탓이 크다 하겠다. 남자를 빼앗긴다는 것은 그 남자가 가진 경제적인 능력까지도 빼앗긴다는 의미가 되는 것이니까 말이다. 물론 여자로서의 자존심 또는 자신의 존재에 대한 자존감의 문제도 큰 몫을 차지하는 것은 말할 필요도 없겠다.

"이런 경우가 흔한가요?"

그녀가 내게 물었다.

"글쎄요, 한 사람을 두고 서로 경쟁관계라고 해서 일간이 겹재인 경우가 없지는 않지만 그렇다고 흔하지는 않아요. 그 차이는 아마도 시간의 지속력에 있는 거 같아요. 아마 전생에서부터 인연이 있기도 하고, 이번 생에서도 금방 인연이 끊어지지 않을 관계가 겹재이지 싶어요."

"그러네요. 이혼하지 않는 한 이 관계는 오래 갈 거니까요. 에휴."

그녀의 심정을 백퍼센트 이해할 수는 없었다.

호적상 다른 여자와 부부관계인 남자와 사는 느낌은 어떨까? 내가 감히 상상할 수도 없는 감정일 것이다. 주인이 있는 물건을 잠시 소유하고 내 것인 양 공들이고 애정을 주었는데 어느 날 주인이 나타나 소유권을 주장할 때 아무런 권리도 주장할 수 없어 그냥 뺏겨야만 하는 억울한 심정일까? 나는 내 앞의 앉은 그녀의 가슴에 시퍼렇게 든 멍자국과 커다란 구멍이 눈에 보이는 듯했다.

"생각해 보면 그 여자도 안됐죠 뭐. 그 여자라고 속이 편하겠어요? 내 남편이 다른 여자에게서 자식을 봤는데. 처음엔 그 여자가 이혼을 안 해줘서 못 하는 거라 생각하니 엄청 화가 나고 미웠는데 생각해 보니 내가 그 여자 입장이라도 쉽게 이혼해 주기 싫을 거 같더라고요. 누구 좋으라고 이혼을 해주겠어요. 그리고 저도 몇 년 지나니 그 사람하고 부부로 사는 걸 상상하면 끔찍하기도 하고요. 그냥 형편이 나아지면 저는 혼자 지내는 게 편하지 싶어요."

결코 마음이 좁은 여자는 아니었다. 사실 웬만한 남자보다 더 대범하고 속이 넓었다.

"왜 그 남자랑 인연이 됐을까요?"

그녀는 내게 가장 어렵고도 본질적인 질문을 던졌다.

"불교용어 중 업보 다른 말로 카르마란 말 있잖아요. 저는 관계에도 카르마가 있다고 생각하거든요. 그런 말 알아요? 부모자식이나 부부사이 같은 가족관계는 전생에 원수지간이었다는 말요. 저는 너무 공감돼요. 하하하"

내가 웃으면서 말하자 그녀 또한 공감의 제스처로 두 손바닥을 연신 쳐대며 함께 웃었다.

"딱 그거네요. 전생에 원수지간, 하하하"

웃기면서도 슬픈 말이긴 했다. 가장 가까이 오래 함께 해야 할 사람들이 서로 죽자고 싸우던 사이였다니. 그러니 이번 생에라도 서로 보듬고 사랑하라고 다시 인연을 맺게 한 건 아닐까 생각해 보았다.

"두 분 사주를 보면 합도 있긴 하지만 충도 많고 형살도 있어요. 형살은 함께 하면 답답하고 감옥에 갇힌 듯한 느낌이 드는 살이죠. 그런 기분 들 때 없나요?"

"어머 소름이에요. 저 그 사람하고 같이 있으면 너무 답답해서 돌아 버리겠어요. 특히나 돈에 있어서 짠돌이같이 굴 때요. 저는 아시다시피 통이 큰 편인데 그 사람은 매사에 너무 계산적이어서 그런 점이 짜증 나고 싫어요."

그녀는 감옥이란 말에 너무 공감하는 눈치였다.

"감옥에선 언제 탈출할 수 있을까요?"

참으로 많은 것을 함축하는 질문이었다. 그녀의 남편은 재다신약* 즉 사주에 여자나 재물이 많아서 본인의 기운이 약해지는 특징을 가지고 있었다. 한 여자로는 만족을 못 한다고 표현할 수도 있고 주변에 여자가 많아서 늘 유혹에 빠지기 쉽다고도 말할 수 있다. 지금 상황에 대해 도저히 반박할 수 없는 증거자료를 제시한 셈이었다. 누군가 옆에서 도와주지 않으면 그 많은 재물을 혼자서는 다 쟁취할 수가 없었다. 그녀가 남편을 도와 사업을 하는 이유 역시 사주에서 설명이 되고 있었다.

남편의 사주에는 불의 기운인 화가 많고 그녀는 물의 기운인 수가 많았다. 그리고 그녀의 사주에 많은 물은 재성 즉 그녀에게 욕망과 돈을 의미한다. 그것들을 제대로 취하기 위해서는 토가 단단해져야 하는데 그녀의 토를 단단하게 하기 위해서는 남편이 가진 화의 기운이 필요했다. 그 토가 단단해질 때까지는 감옥의 답답함을 견디며 자신에게 필요한 화의 기운을 받아야 하는 것이다.

"감옥에선 언제 탈출할 수 있을까요?"라는 그녀의 질문이 참으로 의미심장하게 다가왔다. 사실 그녀뿐만이 아니라 우리 인간은 모두 각자의 감옥에 갇혀서 살아간다는 생각을 했기 때문이다. 각자가 짊어진 관계의 감옥 또는 책임의 감옥 또는 육체적이거나 정신적인 고통의 감옥 등등. 그녀의 질문에 대한 나의 답은 의외로 간단했다.

"형기를 다 채워야 가능하겠죠."

그리고 그 답은 나의 감옥에도 해당되는 말이었다.

※ 공황장애와 쇼핑중독 그리고 자살시도

그녀는 공황장애로 정신과 치료를 받고 있었다. 그녀가 밝힌 원인은 '아내가 있는 남편' 때문이었지만 내가 볼 때는 다른 원인도 분명히 존재했다. 모든 핑계를 남편에게 돌릴 수 있어 한편으론 면죄부를 받을 수 있어 다행이라 생각했을 수도 있다. 사실 그녀는 지독한 쇼핑중독에도 걸려 있었다. 돈을 쓰는 것만이 그녀의 공허한 영혼을 채워 줄 거라 생각했던 것 같다.

　그녀의 몸에 걸치고 있는 것들과 지니고 있는 물건들은 대부분이 명품이었다. 몇 년 전부터 살이 갑자기 찌기 시작해 입지 못하는 옷들이 많다고 했다. 그다지 필요하지 않아도 순간적인 충동으로 물건을 구입하는 경우도 많다고 했다. 돈으로 환산하면 몇천만 원어치는 될 거라며 웃었다. 스스로가 중독인 줄은 인식하고 있었지만 그녀의 씀씀이는 줄어들 생각을 하지 않았다.

　정도의 차이만 있을 뿐 물욕이 없는 인간이 어디 있을까. 입을 수 있는 옷은 많지만 예쁜 옷이 보이면 사고 싶은 것이 물욕이다. 이 물욕을 적절히 통제하느냐 못 하느냐가 단순한 물욕이냐 쇼핑중독이냐를 결정하는 것이다. 그녀는 물욕도 많았지만 돈을 쓰는 바로 그 순간에 본인의 인생에서의 모든 불행이 보상받는 듯한 느낌을 받았을 것이다.

　물론 그 보상의 기쁨은 오래가지 않았을 것이고 또 다른 보상의 기쁨을 맛보기 위해 카드를 이리저리 긁어 대며 다녔을 테지. 그럼에도 가슴속의 공허는 채워지지 않았고 집 안에는 입지도 신지도 않을 옷과 신발들만 쌓여 갔을 것이다. 쇼핑을 그만두자니 그 공허함을 정면으로 맞닥뜨려야 하는 시간이 너무나 길어 고통스러웠을 것이고 고통을 피하기 위한 쇼핑은 그만 중독이 되어 버린 것이다.

그녀가 나에게 자살시도한 이야기를 꺼내 놓았다. 나를 만났던 바로 전년도(2018년 무술년)의 일이라고 했다.

"수면제를 잔뜩 먹고 잠이 들었던 것만 기억나요. 가족들 이야기로는 깨워도 의식이 없어서 중환자실로 옮겼다고 하더라고요. 정말 초상 치를 생각까지 하고 있었는데 갑자기 제가 일어나더니 배가 고프다고 했대요. 그래서 빵과 우유를 줬더니 맛있게 먹었다고 하더라고요. 저는 기억이 안나요."

어쨌든 구사일생으로 목숨을 건진 것이다.

"월살이란 것이 있는데 마음이 엄청 힘든 것은 물론이고 신체에 상해를 입기도 하는 등 가장 힘든 시기를 의미해요. 작년 무술년의 술토가 A씨에게는 월살이었네요. 더구나 일지*와 충을 하니 자기분열 증상도 일어나고 아무튼 엄청났겠어요."

엄청 힘든 시기였음을 인정하는 듯한 표정이었다.

"정신적 스트레스가 극에 달했던 것 같아요. 근데 뭔가에 홀린 듯한 기분도 들어요. 수면제를 늘 먹기는 했지만 그날 따라 충동적으로 많이 먹은 것도 그렇고 중환자실에서 깨어나 기억이 없는 것도 그렇고요."

그때의 일들이 생각나는지 얼굴에 여러 가지 감정들이 스쳐 지나갔다. 살면서 자살을 생각해 본 적이 없는 사람이 있을까 싶다. 하지만 그녀처럼 직접 실행에 옮긴다는 것은 죽고 싶다는 의지 하나만으로 되는 것은 아닌 것 같다. 그녀의 경우처럼 여러 요인들이 톱니처럼 맞물려서 발생하게 되는 경우가 많다. 마치 귀신에 홀린 듯이 말이다.

"혹시 그 일이 벌어진 달이 7월이었나요?"

그녀의 사주를 한참이나 보다가 입을 열었다. 화들짝 놀란 그녀가 손바닥을 치며 오버액션을 했다.

"어머 어떻게 아셨어요?"

"7월이 천을귀인* 달이네요."

"천을귀인이 뭐에요?"

"쉽게 얘기하면 목숨을 살려 주는 존재라고 할까요. A씨의 경우처럼 직접적으로 목숨을 살려주기도 하고 인생에서 큰 변화를 가져오도록 도와주기도 하고 아무튼 귀인 중에서는 최고로 꼽는 게 천을귀인이에요. 그게 7월에 있어서요. 뭐 매년 7월은 미토가 관장하는 달이긴 한데 작년에는 유난히 토의 기운이 강했네요. 천간*에도 기토가 뜬 걸 보면. 원체 신약*한 사주라서 겁재*도 도움이 되나 봐요."

어쨌든 그녀에게는 제2의 인생이 주어진 셈이었다. 보통 드라마에는 그렇게 구사일생으로 목숨을 구하고 나면 인생이 180도 달라지듯이 전개된다. 마치 다른 사람으로 태어난 듯이 모든 것을 새로 시작할 수 있을 것처럼 그려진다. 마음이야 새로 시작해 보겠노라고 다짐할 수도 있을 것이다. 살려 준 목숨에 대해 누군가에게 감사하는 마음도 생길 것이다.

그러나 현실상황은 쉽게 바뀌지 않는 법이다. 죽을 뻔하다 살아났다 해도 남편의 아내가 하루아침에 사라지는 것도 아니고 친정집의 시끄러운 가족문제가 해결되는 것도 아니고, 그녀의 돈 씀씀이가 줄어드는 것도 아니었다. 세상은 여전히 그대로 돌아가고 있었으니까. 그녀가 아무리 죽을 고비를 넘기고 살아났다고 해도 그녀를 둘러싼 현실상황은 변한 것이 없었다.

왜 살아났을까를 생각해 봐야 할 시점이었다. 아니 왜 자신을 살려 주었을까를 생각해 보아야 했다. 거창한 이유가 없더라도 아직은 그녀의 목숨이 저승과의 인연의 때가 안 되었다는 점이 가장 큰 이유일 것이다. 이유는 사람의 입장에서 생각하는 것이고 모든 것은 때가 되어야만 가능하기에 그녀는 아직 죽을 때가 아니란 사실만은 확실했다.

그리고 그녀의 인생의 문제들도 아직 해결되지 않는 채 남아 있는 것들이 너무나 많았다. 아버지가 다른 아이 둘과 자신이 가장노릇을 해야 하는 친정 부모님까지. 그녀의 고통은 아직 끝나지 않았다. 그 이후로도 여러 가지 정신적인 질병에 시달렸다고 한다. 다만, 그런 경험을 통해 그녀의 의식을 성장시키는 계기는 되었을 거라고 생각한다. 상황을 변화시킬 수 없다면 자신이 변해야 한다는 말은 진리였다.

＊ **재다신약** 재성이 많으면 자신의 기운이 빠져 약해진다는 것을 의미한다. 욕심이 많은데 자신이 약해지니 재물을 지킬 수 없게 되기도 한다.

＊ **일지** 사주의 네 기둥 중 태어날 날의 기둥을 일주라고 한다. 일주의 윗글자는 하늘의 기운으로 일간이라 하고 아랫글자는 땅의 기운으로 일지라고 한다.

＊ **천을귀인** 기본 의미는 '하늘의 은덕을 입는다'라는 뜻이다. 위기의 순간에는 사람의 목숨을 살려주기도 하며 고난을 겪게 하며 깨달음을 주기도 한다.

＊ **천간** 10천간이라고 하여 10가지 하늘의 기운을 의미한다.

＊ **신약** 사주에서 자신의 기운이 약함을 의미한다.

＊ **겁재** '재물을 겁탈한다'는 의미를 갖는 말로, 하나를 두고 경쟁하는 관계를 일컫는다. 보이는 자신 외에 내면에 숨겨진 자신을 의미하기도 한다. 신약한 사주에서는 겁재가 도움을 주는 경우도 있다.

❈ ❈❈

B와의 인연-1

❈ 어색한 초대

'사람이 온다는 것은 실은 어마어마한 일이다. 한 사람의 일생이 오기 때문이다.'라는 유명한 시구절이 있다. 나는 이 구절을 이렇게 바꾸고 싶다. '사람이 온다는 것은 실로 어마어마한 일이다. 그가 가진 모든 에너지와 함께 오기 때문이다.'라고. 어떤 사람은 등 뒤에서 후광이 비치기도 하고 또 어떤 사람은 어두운 그림자가 보이기도 한다.

두 명의 여자가 가게 안으로 들어섰다. 둘 중 한 여자만이 자신의 생년월시를 알려 주고 나를 유심히 쳐다보았다. 마치 '나는 너를 다 알아' 하는 눈빛이었다. 내가 하는 말끝마다 토시를 달고 깐족였다. 그런 사람들이 종종 있었다. '난 이런 거 믿지 않아. 네가 알면 얼마나 안다고.' 이런 마음가짐으로 들어와 마치 날 시험하려는 듯한 사람들 말이다. '대체 이 여자의 정체는 뭐지?'라는 생각이 머릿속에서 떠나질 않았다. 그런 부류 중 하나일 수도 있겠다 싶었다.

허름한 차림이지만 고상한 에너지를 풍기는 사람이 있는가 하면 겉모습은 화려하지만 내면의 초라함을 미처 가리지 못하고 고스란히 드러내는 사람들도 있다. 이 여자는 후자인 경우였다. 화려한 외모에 다소 톤이 높은 비음 섞인 목소리, 거기에 사람의 기를 의도적으로 누르려는 말투가 더해졌다. '당신 못지않게 나도 당신에 대해 읽을 수 있지'라고 속으로 생각하고 있었지만 그런 나의 마음을 상대가 파악하지 못하도록 예의 바름으로 포장했다.

사주에 대한 이야기를 하고 있었지만 각자의 마음속은 서로에 대해 파악하느라 바쁜 백조의 다리였다. 그녀는 상대에게 본인의 약점을 드러내기 싫은 자존심으로 똘똘 뭉쳐 있는 사람 같았다. '도대체 어떤 것이 저 여자로 하여금 상대에게 절대 져서는 안 된다는 생각을 심어 준 것일까?

타인을 인정한다는 것은 내가 타인에게 진다는 것을 의미하지 않는다.

하지만 자존감이 낮은 사람은 타인을 인정한다는 것이 마치 스스로가 타인보다 약한 사람이라는 백기를 든 것으로 착각한다. 그녀가 날 보는 시선은 자신이 나보다 우위에 있음을 인정하라고 강요하는 듯한 뉘앙스였다. 그 시절 나의 자존감은 바닥이었고 사실 손님이라는 이유만으로 그녀를 우위로 모시기에 충분했다. 자존심 위에 금전이 있었다.

며칠 후 그녀가 다시 왔다. '화류계'의 냄새를 지독하게 풍기는 그녀의 정체는 무엇일까. 나에게 수업을 듣고 싶다고 했다. 마다할 이유가 내게는 없었다. 그렇게 수업을 하면서 그녀와 조금씩 친해지게 된 어느 날 생뚱맞게 자신의 집에 날 초대했다. 낯선 사람과의 친해짐에 대해 두려움이나 편견을 갖는 것은 아니었지만, 그 당시 나는 한가롭게 타인의 집에 방문하며 친목을 다질 상황이 아니었다.

하지만 한편으로 너무나 외로운 시절이기도 했다. 우연한 공부가 이끈 길이 타인의 인생을 상담하는 일이라니. 그 시절 운명의 신은 나의 눈을 가린 채 어딘가로 데려가더니 사라져 버렸다. 가리개를 풀어 보니 사방이 미로다. 나는 미로 속에서 생존하는 법을 배우느라 빠져 나가는 법을 찾을 여유조차 없는 존재였다.

태생적으로 그다지 사교적이지 않은 터라 이런 초대가 어색하기만 했다. 문을 열고 들어가면서도 찝찝함을 떨치지 못했다. 그녀의 초대가 의심스러워서라기보다는 타인의 생활수준과 비교되는 나의 자격지심이 불러오는 방어적 움츠려듦이 발동했기 때문이었다. 그녀의 집은 한마디로 넓은 평수의 전망 좋은 집이었다. 이 정도를 유지하려면 수입이 어느 정도 되어야 하나를 머릿속으로 계산하고 있었다. 아니 내가 언제부터 수입으로 사람을 평가하는 사람이 되었는지 모를 일이었다. 자존심이 자꾸만 돈과 맞짱뜨기를 하자는데 그것을 지켜보며 돈에 굴복하지 않는 철학을 들이대 보지만 현실은 늘 내게 닥치고 가만히 있으라 한다.

어색한 분위기와 자격지심을 극복하는 데 술만 한 것은 없다. 술을 마시고 나니 전두엽에서 나를 누르던 긴장감과 자존심이 한결 가벼워진 느낌이었다. 좋은 게 좋은 거라고 순간순간 올라오는 자존심을 누르면서 버티고 있었다. 나의 한쪽 뇌는 늘 살아 있어서 주인을 감시하는 느낌이다. 술을 마시든 잠을 자든 주인이 망가지는 꼴을 두고 볼 수 없어 눈을 부릅뜨고 감시하는 것을 마치 평생의 업으로 삼기라도 한 듯 말이다. 그날 역시 그랬다. 취기가 오른 나는 꽤나 발칙해져 그동안 억누르고 있던 끼를 맘껏 발산하는 와중에도 반쪽의 나는 그것을 생생하게 지켜보면서 순간순간을 기록하고 점검하면서 제어하고 있었다.

정신을 차려 보니 그녀의 거실에서 춤을 추고 있었다. 끼란 것을 품고 있는 사람들은 무장해제가 되는 순간 딴 사람으로 변신한다. 그 무장해제의 시간은 술과 무대가 있는 시간이다. 의도적이었을까 우연이었을까, 그녀는 내게 끼의 무장해제 시간을 제공해 주었다. 그 끼가 그동안 먹고사는 문제로 침잠해 있다가 깨어나서 그런지 처절해 보이기까지 했다. 마치 국립발레단의 무용수가 된 것마냥 그동안의 한을 춤으로 풀어냈다. 반쪽의 나는 계속해서 나를 주시 관찰하면서 걱정스러운 신호를 보내고 있었다. 지금 대체 뭐 하는 짓이냐. 밤은 이성보다 감성이 지배하는 시간이다. 나는 지극히 정상적인 오행의 흐름에 몸을 맡기고 있는 것이었다.

반쪽의 이성이 나의 멱살을 잡고 대체 여기서 이러고 있는 이유가 뭐냐를 반복적으로 물을 무렵 정신을 차린 나는 집에 갈 생각을 했다. 과연 그녀는 누구이며 무슨 이유로 나를 그 시간에 미친년처럼 춤을 추게 만들었을까는 나중에 생각하기로 하고 허겁지겁 집으로 가는 택시에 몸을 실었다. 춤을 추는 시간만이라도 현실이라는 짐을 놓고 싶었나 보다. 새벽녘 달리는 택시 안의 공기가 내 인생처럼 눅눅하고 초라했다.

✳ 우리 할머니가 왜 거기서 나와

아무래도 그녀는 수업에는 관심이 없어 보였다. 그녀는 가끔 나를 불러 밖에서 술도 마시자 하고 밥도 먹자고 했다. 그녀가 싫었던 건 아니었지만 그렇다고 같이 밥 먹고 술 먹고 할 정도로 편한 상대는 아니었다. 무엇이 되었든 투명하지 않은 관계는 언젠가 터질지도 모르는 지뢰를 피해 걷는 게임과 같다. 어쨌든 그녀는 무슨 이유에서든 계속해서 날 찾아왔다. 자신이 사는 집 근처에 내 일터가 있는 이유가 가장 크겠지만 다른 감춰진 이유가 분명 있을 거라고 태곳적부터 내려오는 신체 안테나인 촉이란 것이 말해주었다.

그녀는 내 일터를 참새가 방앗간 드나들 듯이 들락거렸다. 그녀의 집에서 춤까지 춘 마당에 오지 말라고 할 마땅한 구실이 없었다. 내가 할 수 있는 일이라곤 그녀가 문을 열고 들어오면 얼굴 근육을 최대한 풀어 입꼬리를 올리는 것뿐이었다. 어느 날 평소보다 이른 시간에 그녀는 내 일터의 문을 열고 들어왔다. 다소 무거운 분위기를 연출하는 걸 보면 꺼낼 이야기의 주제가 심상치 않아 보이긴 했다. 사실 그 시절의 내 상황(이상하게 신기 있거나 무속 쪽에 몸담고 있는 분들이 자주 찾아오심)이 눈에 보이지 않는 일에 대해서도 사실처럼 이야기하면 일단 믿는 척이라도 해야 할 판이었다.

"나 어제 잠 한숨도 못 잤어. 그쪽 할머니가 꿈에 나와서 사정하는 통에."

다짜고짜 모를 소리만 늘어놓는다.

"큰 상자를 가져와서는 우리 손녀 좀 구해 달라고 엎드려 빌지 뭐야. 상자를 열었는데 어머나 세상에… 지금도 가슴이 벌렁거리네."

'더럽게 시끄럽게 구네. 도대체 뭔 말이 하고 싶은 건지…' 속마음과 달리 나의 태도는 최대한 공손함과 예의 바름을 장착하고 있었다.

"상자 속에 시커먼 구렁이하고 쥐 떼가 우글우글거리는데 내가 그걸 다 꺼내서 없애느라…"

그녀는 그 장면이 다시 생각났는지 눈앞의 광경을 보듯 인상을 최대한 구겨 가면서 짜증을 잔뜩 섞어 이야기했다. 실제로 벌어진 일도 아니고 설사 꿈에서 벌어졌다 하더라도 그녀가 그렇게 생색을 낼 일인가 싶었지만 마치 내가 죄인이요 모드로 듣고만 있었다.

대체 우리 할머니가 왜 그녀의 꿈에 찾아가 발아래 엎드려 부탁을 해야만 했을까? 내가 지은 죄가 그렇게 큰 것이었을까? 그런데 왜 그녀에게 갔을까? 대체 그녀와 나의 어떤 인연 때문에? 꿈의 진위여부와는 상관없는 부차적 질문들이 머릿속에서 동동 떠다녔다. 지금의 나였다면 상대방이 기분 나쁘지 않게 웃어 주면서 아 그랬어요? 하면서 능청스럽게 넘겼을 텐데, 그 시절의 나는 뭐에 그리 기가 눌리고 세상에게 죄송했을까. 그런 저자세가 무당들에게 사기 치기 좋은 허점을 보인 거였을 거라는 생각이 들기도 했다. 하지만 그전부터 계속해서 꿈에 할머니가 등장을 했었고 내게 던지는 메시지가 있을 거라고 철썩 같이 믿던 시절이었다.

그녀는 자신이 그런 일⑦을 하는 사람이라고 했다. 어찌어찌하다 명리학 공부를 하고 사주상담을 하는 나였지만 그전까지 무속에 의지해 본 적이 없었다. 인간의 눈에 보이지 않는 기운이라는 것은 분명히 존재하고 영감이 뛰어난 사람에게는 우주가 비밀을 드러내 보일수도 있다고도 생각했지만, 무당이 내 운명을 바꿔 줄 거라고 믿을 만큼 맹순이는 아니었다.

그녀는 자신이 일반 무당과는 다른 차원의 존재로 인정받길 바라는 눈치였다. 나는 사람에게서 나오는 여러 가지를 읽거나 느낄 수 있는데 그 모든 것이 에너지라고 생각한다. 어떠한 말로도 그 에너지를 숨기거나 포장할 수 없다. 말 이전에 이미 내 마음에 와닿는 것이 에너지다. 그녀가 내 일터의 문을 열고 들어서는 그 순간 내가 느낀 에너지는 그녀의 어떤 행동과 말보다 솔직한 날것이었다. 그 느낌이 그냥 그녀였다.

그녀가 이야기를 끝낼 무렵, 마치 나의 죄를 사하여 준 사람에게 느낄 법한 부채의식이 생겨나기 시작했다. 그도 그럴 것이 그녀를 만난 이후 나를 대접해 온 쪽은 늘 그녀였다. 나는 경제적인 상황도 거지꼴이긴 했지만 늘 그녀 쪽에서 먼저 손을 내밀었다. 같이 밥을 먹자는 둥 술을 먹자는 둥. 내가 먼저 제안한 것이 아니기에 내가 대접을 할 의무는 없다 생각한 것들이 내 발목을 잡는 순간이었다.

그랬었다. 그녀의 작은 대접들이 하나둘씩 통장에 잔고 쌓이듯이 모여 어느 날 바위만 한 부채의식으로 훅하고 다가온 것이었다. 그녀가 마치 처음부터 시나리오를 그렇게 짠 것마냥 보이게끔 이야기가 전개되고 있었다. 그녀는 나에게서 무엇을 보고 접근을 한 것일까? 그리고 과연 그 꿈의 정체는 무엇이었을까?

✳ 딸아이의 방황이 주는 숙제들

내가 상담일을 시작할 무렵 아이의 사춘기도 동시에 시작되었다. 살던 동네에서 낯선 곳으로 이사를 오게 되었고 그로 인해 여러 상황이 겹치면서 아이의 스트레스도 높아진 상태였다. 공부에 집중을 못 하는 건 기본이었고 친구문제로 하루도 편할 날이 없었다. 친구가 인생의 최대 관심사였던 아이가 전학을 오면서 친구 사귀는 데 문제가 발생했다. 태생이 재미난 걸 좋아하는 성격이라 공부만 하는 '착한' 친구들을 좋아하지 않았다. 그러다 보니 '노는' 뻘이 나는 아이들과 어울리게 되는 건 인지상정.

하루가 멀다 하고 학교에서 전화가 왔다. 전화로 죄송하다고 해결할 수 있는 경우는 감사한 날이었다. 학교에 찾아가서 다른 학부모들에게 머리를 조아려야 하는 일이라도 당하는 날에는 아이에 대한 원망이 내 신세한탄으로 변환되기 일쑤였고 얼굴도 모르는 조상님들 탓을 하기도 했다. 학교에 다녀오는 날이면 온몸의 세포가 날카로운 바늘이 되어 날 찌르고 내 운명을 비관하게 만들어 다시 날 찌르는 고통의 악순환을 겪었다. 비단 아이 문제만이 날 힘들게 한 게 아니었다. 내 인생 자체가 하루도 날 편하게 두질 않았다. 무슨 이유에선지는 모르겠지만, 그걸 우리는 흔히 운이 안 좋다거나 팔자가 사납다 정도로 부른다.

어느 날 저녁, 경찰서에서 전화가 왔다. 그것도 집에서 한참 먼 동네의 경찰서에서 말이다. 역시나 아이문제였다.

"○○ 어머니시죠?"

내 아이의 이름을 듣는데 화들짝 놀랐다. 사랑해야 할 아이의 이름이 경기(驚氣)를 일으킨다는 건 분명 좋지 못한 신호였다. 이번에는 경찰서다. 그것도 거리가 꽤 있는 먼 동네의 경찰서다. 이제 학교에서도 모자라 다른 동네까지 다니면서 사고를 치는구나, 내 팔자야… 아이 걱정보다는 또 내 신세한탄이었다. 무엇이 내 인생을 이렇게 꼬이게 만들었을까 싶으니 만사가 귀찮아지면서 순간 살기가 싫어졌다.

아이는 절도사건에 연루되어 있었다. 실제로 절도를 한 것은 아니었지만 절도를 한 아이들과 같이 있었다는 이유로 경찰서로 연행된 것이었다. 한시름 놓긴 했지만 죄를 짓지 않았다는 사실이 드러났음에도 쉽게 경찰서를 빠져나올 순 없었다. 몇 시간 동안의 반복된 진술과 그다지 중요해 보이지 않는 문제들에 할애하는 시간들로 진이 다 빠질 무렵 집에 가도 좋다는 허락을 받았다. 몇 시간 경찰서에 있는 시간이 이렇게 힘든데 제집 드나들 듯하는 사람들은 얼마나 힘들까를 생각했다. 아마 힘든 줄 모를 수도 있겠다 싶었다. 그러니 자주 드나들지 않겠나.

몇 달 전에도 유사한 일이 있었다. 소위 말하는 학교폭력에 연루된 것이었다. 역시나 아이는 폭력에는 연루되지 않았지만 그 아이들과 함께 어울렸다는 이유로 징계위원회에 불려 가게 되었다. 피해자의 엄마는 딸아이에게도 가해자와 똑같은 취급을 했지만 피해아이의 진술로 딸아이는 무관한 것으로 드러났다. 그때 진땀 뺀 것이 생각나 경찰서를 나오자마자 아이를 윽박지르기 시작했다. 아이를 대신해 내가 억울해서 못 참을 지경이었다. 나이 먹고도 멍청한 짓을 하고 다니기 일쑤였던 나의 모습이 아이에게 투영되자 마치 내 자신에게 화를 내듯 소리쳤다.

"왜 이렇게 멍청한 짓을 하고 다니는 거야? 네가 어울리는 애들은 하나같이 왜 그 모양이냐?"

엄마를 경찰서까지 오게 할지 스스로도 몰랐다는 표정으로 나름의 자기변명을 늘어놓았다.

"걔네들 말고는 나랑 안 놀아 주는데 어떡해 그럼."

친구가 대체 뭐라고 저렇게 목을 매는 것인지 한심하다가도 나의 학창시절을 생각해 보았다. 그래 나도 그랬었지… 측은한 마음이 울컥 들어 슬퍼지는 것이 아이 때문이었는지 나 때문이었는지는 가늠할 수 없었다.

누군가가 측은하게 여겨지는 감정을 싫어한다. 그 감정은 뭐랄까 어떤 경계를 허물어 버리는 힘을 가졌다고나 할까. 모질게 다잡은 마음, 객관적이고 합리적이라고 자부하는 논리 그 모든 것을 뼈 없이 흐물거리는 연체동물처럼 변화시켰다가 결국 앞뒤 좌우 너나 구분이 없어져 버리는 상태로 만드는 무시무시한 것이 측은지심이란 사실을 알고부터 사람을 사귀는 일이 겁나기 시작했다. 그 속을 들여다보면 누구 하나 아프지 않은 이가 없을 텐데, 그 아픔이 느껴지기라도 하는 날엔 너는 너고 나는 나라는 그 분별력이 사라져 버릴까 봐. 그 분별이 사라져 버리면 상대의 아픔을 대신 아파해 줄 수는 없지만 그 사람이 아픈 꼴을 그냥 지나쳐 버릴 수는 없었기에.

상대가 나로 인해 그런 감정을 느끼는 것도 싫어한다. 내 자존심이 상하는 게 싫어서라는 게 더 맞는 이유겠지만, 나의 가장 큰 아픔을 누군가가 알게 되어 한없이 가엾은 사람으로 여겨 버리는 그 눈빛 흔히 동정이라고 표현하는 그 감정을 받는 사람의 입장이 되는 것이 싫었다. 나의 부모님에게조차도 내가 그런 존재로 비춰지는 게 싫었다. 살면서 겪었던 가장 큰 아픔의 순간에도 그 분들에게는 눈물을 보이기 싫었다. 그러니 다른 사람에게는 오죽하겠는가.

경계를 허무는 측은지심과 동정을 받는 것보다 더 싫었던 것은 그런 경계가 허물어진 뒤에도 결코 상대의 아픔을 자기 아픔처럼 온전히 느낄 수 없다는 사실이었다. 작은 아

품일 경우에는 상대의 위로에 힘을 얻기도 하지만 온전히 혼자서 짊어지고 가야 할 아픔의 경우는 어떠한 말도 위로 가 되지 않음을 알뿐더러 그들의 눈에 차라리 내가 아픔이 없는 사람으로 비춰지는 것이 낫다는 생각까지 들 지경이 다. 일종의 감정 결벽증이다.

그럼에도 불구하고 딸아이에게 부모로서가 아닌 인간 대 인간으로서의 측은함이 들기 시작했다. 왜 인간은 외로움 을 느끼는 존재로 태어났을까. 단지 그 외로움을 피하기 위 해서라면 굳이 내가 어울리기를 원치 않는 이들과 어울리 면서, 그들이 저지르는 만행이 자신의 인생에 끼어들게 하 는 것일까. 공동의 목적을 공유하지도 않는 아이들과 어울 리며 대부분의 시간은 자신의 핸드폰만을 들여다볼 것을 굳이 왜 어울림이라는 행위에 그렇게 집착해야 했을까. 딸 아이에게 인간은 사회적 존재라는 선험적 지식이 있었던 걸까. '친구 너무 좋아하지 마라. 인간은 결국 혼자다'라는 진리 같은 거짓말을 믿는 척하는 어른들도 외로워서 난리 들인데 저렇게 어린 아이야 오죽할까.

✽ 마침내, 굿을 하다

딸아이를 엄마로서가 아닌 인간으로서 이해하고 그런 마음자세로 아이를 대한다고 해서 아이의 태도가 하루아침에 바뀌는 것은 아니었다. 사람의 머리에서 판단한 것이 심장에 닿고 심장의 피가 온몸으로 퍼져 행동의 변화를 초래하는 데까지 걸리는 시간은 사람마다 다르겠지만 짧게는 몇 년 길게는 몇십 년이 걸리는 문제다. 성인도 힘든 일을 사춘기에 접어든 아이에게 바란다는 것은 나의 욕심이었을까. 아이는 그 이후로도 쭉 내 속을 뒤집는 행동을 일삼았다. 마치 누군가가 딸을 쥐고 흔드는 것마냥 아이는 혼돈 그 자체였다.

아이의 현재의 상황을 명리적으로 알고 있고 이해한다고 해서 해결될 문제는 아니었다. 사실 근본적인 문제가 무엇인지를 모르는 것은 아니었지만 좀 더 빠르고 간편한 해결책을 원했던 것이 문제였다. B와 제법 친해질 무렵부터 나의 최대의 문제는 아이였다. 사람이 심리적으로 불안하고 힘들 때는 어떤 말을 들어도 혹할 수밖에 없나 보다.

"남편 쪽 조상 중에 객사한 사람 있나?"

그녀는 나보다 어렸지만 어느 순간부턴가 자연스레 말을 놓았다.

그러다가 상황에 따라 말을 높이기도 했다. 애매하게 친한 사이라서 그렇기도 했지만 그녀의 말투가 무당 특유의 아무에게나 말을 놓는 식의 어투로 고착된 탓이 컸다. 지금 생각하면 우습지만 그 당시 모든 것이 새롭고 두렵고 낯설기만 한 나에게 그녀의 신기는 내가 붙잡을 수 있는 한 가닥 동아줄 같은 것이었다.

"시아버지가 객사를 하셨는데."

나는 마치 그녀가 모든 걸 꿰뚫어 보는 신이라도 된 것마냥 경이로운 표정으로 그녀에게 대답했다. 나의 반응에 그녀는 눈꼬리와 입꼬리를 동시에 올리며 말했다.

"거봐 어쩐지."

나는 다 알고 있었지 하는 그녀의 표정을 보면서 나의 리액션을 액면 그대로 받아들이는 그녀가 순진해 보인다는 생각도 했다.

그 당시 나는 인생에서 큰 우여곡절도 몇 번을 넘겼고 무엇보다 세상에는 보이지 않는 미스터리한 힘이 존재한다는 사실도 알고 있었지만 그것만이 또 전부는 아님도 알만한 나이였다. 그녀는 내가 돈과 관련된 현실적인 문제에는 허당 기질이 있었지만 사고는 상당히 논리적으로 하는 사람이라는 것까지는 파악을 못 한 듯했다.

그녀는 자신의 영적인 능력을 과신한 탓인지 나와의 술자리에서 몇 번의 실수를 하곤 했다. 나는 술을 마셔도 정신의 끈을 놓지 못하는 타입이라 상대의 행동의 변화와 취했을 때 내뱉는 말을 분석하는 취미가 있다. 아니 취미가 아니라 뇌구조가 그렇게 생겨 먹었다. 그녀는 술을 마시고 늦은 밤이 되어 갈수록 여러 가지 인격의 변화를 보이는 사람이었다. 마치 이 사람 저사람 아니 이 귀신 저 귀신이 그녀의 몸으로 들어왔다 나갔다 하는 느낌이랄까.

신기가 있는 사람의 존재를 만난 것이 그녀가 처음은 아니었다. 희한하게도 그런 사람들이 자주 찾아오는 걸 보면 내게 그들을 끌어당기는 기운이 있나 생각하기도 했었다. 그런 사람들을 만나고 분석하면서 내가 스스로 내린 결론은 이거였다. 사람의 인격에도 급이 있듯이 영혼의 맑고 탁함에도 급이 있다는 것이다. 잘 맞추고 못 맞추고가 중요한 것이 아니다. 즉 맑은 영가(靈駕)가 탁한 영혼을 가진 사람의 몸에 들어갈 수 없다는 것이다. 사람과 사람 사이에만 주파수와 기가 통하는 것이 아니다. 사람과 영가 사이에도 그렇다.

하지만 나의 이러한 분석에도 불구하고 반신반의하며 아이를 위해 굿을 하기로 결정했다. 객사한 조상의 귀신이 아이에게 달라붙어 아이를 조정한다고 하니 그 귀신을 달래서라도 아이의 상황을 바꿔야겠다는 바보 같은 생각을 한 것이었다. 그 당시 경제상황이 최악이었기 때문에 굿을 하기 위해 대출까지 받아야 했다. 그러면서까지 굿을 한 걸 보면 단지 돈으로 때우겠다는 얄팍한 심사보다는 정말 아이의 상태가 심각했음을 밝히는 바이다.

굿을 하는 날이 되었다. 아이의 물건을 챙겨 아침 일찍 굿당으로 출발했다. 생전 처음으로 TV에서만 보았던 굿이란 걸 하게 되는 것이었다. 택시를 타고 행선지를 말하는데 누가 들어도 굿을 하는 장소임을 알 수 있는 지명이었다. 순간 창피함이 느껴진다고 해야 할까. 마음 한구석에서 스스로가 초라해지는 기분이 드는 걸 숨길 수는 없었다. 세상 사람들의 시선 때문이 아니라 내 스스로가 굿에 대한 확신이 들지 않아서였다. 이렇게까지 해야 했을까란 생각과 지푸라기라도 잡아야지 어쩌겠어라는 생각이 서로 싸우고 있었다. 결론은 어차피 엎질러진 물인 상황이니 굿판을 실사로 구경하고 나중에 글을 쓸 때 생생하게 써보자는 선까지 가고 있었다.

굿이 시작되고 그녀는 이 옷 저 옷을 갈아입으며 쇼를 하기 시작했다. 아이 옷을 입고는 아이처럼 혀 짧은 소리를 내다가 선녀 옷을 입고는 새침한 여자 흉내를 내기도 했다. 속으로 웃음이 나서 좀처럼 굿에 집중하지 못하는 내 자신의 각성된 정신상태가 원망스러웠다. 드라마에서처럼 허리를 연신 굽혀 가며 간절하게 두 손바닥을 비벼 가며 빌어도 시원찮을 판에 그런 제스처를 취하는 게 어색하기만 한 나의 태도가 혹시나 부정이라도 탈까 봐 안절부절못하고 있었다.

이번에는 할머니 귀신을 영접한 듯 그녀가 나에게 오더니 호통치듯이 말했다.

"넌 뭐든 머리로 이해하려고 해서 문제야. 그냥 믿고 받아들이는 게 부족해."

오, 그럴싸한데? 지금 내 심리를 귀신같이 맞혔네? 이런 생각부터 시작해서 생각이 꼬리를 물기 시작했다. 내가 지금 하는 굿을 믿지 않으면 효력도 없을까 봐 동시에 내 이

성적인 생각이 혹시나 귀신에게 들킬까 봐 걱정이 이만저만이 아니었다. 지금 내가 여기서 뭐 하는 거지? 이런다고 딸아이가 바뀔까?부터 시작해서 할 수 있는 건 해봐야 하지 않겠어?라고 차가운 이성과 순진한 감정이 멱살을 잡고 싸우고 있었다.

내가 잘하는 것 중 하나가 내 영혼이 몸에서 튀어나와 나를 관찰하는 것이다. 뭐 쉽게 말하면 지금 내가 하고 있는 행동을 타자화 또는 객관화시켜 보는 것이다. 타인의 시선으로 봤을 때 나의 행동이 얼마나 멋진가, 추한가 등등을 평가해 보는 것이다. 한참 굿판이 벌어지고 시끄러운 꽹과리며 장구가 고막을 자극하고 구부정한 자세로 두 손을 모으고 비나이다를 반복적으로 해야 하는 내 자신의 모습은 결코 평소 내가 좋아하던 모습은 아니었다. 어색함이 역력했고 이럴 거면 뭐 하러 굿을 했을까 하는 의구심이 온몸 전체에 퍼진 상태였다.

패션쇼를 방불케 하는 잇따른 환복쇼와 의상에 따라 변하는 캐릭터들의 역할극은 연말 시상식을 탈 정도는 아니었다. 배우의 매끄럽지 못한 연기 탓도 있었지만 시끄러운 음악에 방방 뛰는 정서가 나와는 영 맞지 않았다. 나는 소음에 유난히 취약한 편이었는데 종일 꽹과리 소리를 듣다 보니 딱따구리 한 마리가 한쪽 뇌를 쪼아 대고 있는 느낌이었다. 어서 굿이 끝나고 일상으로 돌아가기만을 내내 바랐다.

한 번의 굿으로 아이의 모든 문제들이 해결되리라곤 기대하지 않았지만 일종의 플라세보 효과라도 있으려나 싶은 마음은 있었다. 참으로 못된 기대심리 같으니라고. 아이의 문제가 어디서부터 오는지를 살펴야 할 것인데 말이지. 나란 엄마는 참으로 자격이 부족한 사람이었다. 그런 부족함을 일깨워 주기 위해서 아이가 그렇게 난리법석을 떨어야 했나 싶기도 했다. 때로는 자식이 부모를 가르치기 위해 태어나기도 한다는 말이 맞는 거 같았다.

굿을 한 번 했다고 해서 모든 문제가 해결되는 것이 아니듯이 무당의 요구도 굿 한 번으로 끝나지 않았다. 이런저런 이유를 들면서 지속적으로 돈을 요구해 왔다. 그제야 나의 바보스러움에 아차 싶었다. 돈으로 팔자를 바꿀 수 없다는 것을 누구보다 아는 사람이 이런 짓을 저질렀으니 다른 사람들은 오죽할까 싶었다. 순간적으로 나약해진 마음과 그 마음을 비집고 들어오는 비겁하고 안일한 생각들이 손을 맞잡고 벌인 해프닝이었다.

✽✽✽

C의 사랑이야기-1

✽ 꿈에 보이는 그 사람과의 인연

인간이 육체를 통해 감지할 수 있는 다섯 가지 감각(시각, 청각, 후각, 촉각, 미각)을 오감이라고 한다. 이 다섯 가지 이외의 감각을 육감이라고 하는데, 주로 과학적으로 설명되지 않는 미래에 대한 직감 또는 초인적 감각 등을 의미한다. 사주를 보면 이런 육감이 유난히 발달된 사람들을 알 수 있다. 겉보기엔 모두 비슷한 사람의 형체를 하고 있지만 오감에만 의지하는 사람들도 있고 그것을 뛰어넘는 육감에 의지하는 사람들도 상당수 있다.

자신이 사랑하는 남자와의 인연의 끈을 육감으로 인지하는 여자가 있었다.

"이 남자에겐 오래된 애인이 있어요. 그녀에게 경제적인 도움을 받은 적이 있나 보더라고요. 정확하게 말은 안 하는데 뭔가 책임감으로 만나고 있다는 느낌이 들어요."

"그 분이 직접적으로 언급한 적은 없고요?"

남자들이 여자를 달래기 위해 만들어 내는 수많은 종류의 소설에 대해 익히 들은 바가 있어 물어보았다.

"그냥 저의 촉이 그래요."

그녀의 사주는 그 촉이 발달된 사주였고 특히나 그 남자와의 관계는 참으로 끈끈했다. 남들이 뭐라 하든 그녀는 자신의 직감을 믿고 있었다.

"우리 둘 사이에 감정은 우리 둘만이 아는 거죠. 그렇다고 그 여자를 싫어하거나 하지는 않는 거 같아요. 다만 남녀관계가 끝난 지는 좀 된 거 같던데요."

나의 의심의 촉이 이번에는 그냥 넘어가지 못하고 제동을 걸었다.

"그 분은 관계할 때 활력이 있는 편인가요?"

그녀는 살짝 창피한 듯 표정을 지어 보이며 말했다.

"그 사람이 적극적이긴 해요."

"여자분들이 착각하는 게 있는데 나랑 관계할 때만 적극적일 거라고 생각하는 거예요. 물론 정도의 차이는 있겠지만 기본적으로 욕구가 강한 사람들은 유독 한 사람에게만 강하지는 않을 거 같단 생각이 들어요."

내가 너무 정곡을 찔렀나 싶어 살짝 걱정은 됐지만 이런 관계에 대해서 조금 더 현실적으로 알아야 할 것 같았다.

"물론 그런 생각 안 한 것도 아니에요. 그 사람 말을 백퍼센트 믿는 것도 아니고요. 그냥 내 맘이 편하고 싶어서 믿는 거죠."

말은 그렇게 했어도 사실 아니길 바라는 마음일 거라 생각했다. 대부분의 여성들이 자신이 만나는 남자는 자신에게만 충성할 거라 착각 아니 맹신한다. 그것 또한 인지부조화를 없애기 위한 하나의 전략일수 있다. 내가 사랑하는 남자가 다른 여자를 좋아할 수도 있다는 사실 자체를 받아들이기가 쉽지 않기 때문에 오히려 반대로 강한 확신을 넘어 맹목적인 믿음을 갖게 되는 것이다.

이런 나의 생각을 그녀는 꿰뚫고 있었음이 분명했다.

"선생님은 제가 착각하고 있다고 생각하시죠?"

나는 당황하면 표정에 그대로 드러나는 사람이었다. 어떤 상황에서도 포커페이스를 유지할 수 있는 사람들이 부러울 정도다.

"저야 늘 가능성을 열어 두는 사람이니까요. 무조건 내담자의 의견에 동조할 수만은 없는 입장이라서요. 그 분의 사주를 봐도 감정이 여러 갈래로 나눠질 수 있는 분이기도 하고요."

이미 양다리를 걸치고 있는 상황이기도 했으니 객관적 증거까지도 확보한 상태였다.

"알아요. 저도 처음에도 뭐 이런 사람이 있나 싶었는데 시간이 지나면서 나랑은 다르게 감정이 참으로 자유롭구나 하고 느꼈거든요. 근데요 저는 그 사람하고 저랑 서로 통하는 게 분명히 있다고 생각해요. 말로 설명하기가 참 힘든데요."

"명리적으로 봐서는 손발이 잘 맞는 형국은 아니지만 서로 보완해 줄 수 있는 측면은 분명히 있는 사이는 맞습니다. 혹시 명리적으로 말고 경험한 거 있으시면 말씀해 주시겠어요?"

사주만으로 두 사람의 관계를 다 안다고 생각하는 것은

오산이다. 그것도 보통이 아니라 엄청난 오산이다.

"선생님은 어떤 사람과의 관계를 미리 예시해 주는 꿈을 꾸신 적 있으세요?"

꿈이라면 나도 일가견이 있는 사람이었지만 그런 경험은 아직 없었다.

"아니요. 그건 아직…"

그녀는 순간 자신의 우월감을 숨기지 못하고 얼굴에 드러냈다. 자신의 경험은 아무나 겪는 것이 아니라서, 자신이 특별해서 그런 경험을 한 것이라는 자신감이 역력했다.

"그 사람 만나고 얼마 안 돼서 다른 여자가 있다는 걸 알았어요. 저도 그때는 헤어질까 생각했었죠. 그런데 그게 잘 안 되는 거예요. 그 생각에 너무 집착하다 보니 꿈에 나왔을 수도 있다 생각했는데 그 사람이 무지 아픈 꿈을 꾸고 나서 보니 진짜로 몸이 많이 안 좋은 거예요. 자꾸 그런 일이 반복되니 정말 그 사람하고 나하고 뭔가 있나 보다 싶은 거예요."

인정할 것은 인정해야 한다.

"두 분이 상당히 특별한 인연인 건 맞네요."

하지만 서로 연결되어 있다는 것이 반드시 서로에게 도

움이 되는 좋은 인연인지는 모르는 것이다. 수많은 인연들을 봐왔지만 필연적 인연일수록 서로에게 또는 한쪽이 일방적으로 상처를 주는 경우가 많았기 때문이다.

"그런데 그 분이 꿈에 등장했다고 해서 반드시 두 분의 인연이 해피엔딩이라는 보장은 없어요. 운명이라는 것은 가혹한 쪽이 더 본성에 가까우니까요."

그녀도 인정하는 눈치였다.

"네. 저도 그 사람으로 인해 제가 대단한 부귀영화를 누리고 행복할 거라는 생각은 안 해요. 시작부터 사실 꼬인 거잖아요. 다만 하나는 확실하다는 거죠. 어떤 인연이 되었든 그냥 스쳐 지나갈 인연은 아니라는 거요."

"저도 장담하건데 그건 틀림없습니다."

❋ 저에게 돈을 요구합니다

자신이 그와 특별한 인연임을 나에게 확인받고 갔던 그녀가 몇 주 후에 다시 찾아왔다. 표정이 그다지 밝지 않은 걸로 봐서는 무슨 일이 생긴 모양이었다.

"선생님 제가 혹시 올해 돈이 나갈 운이 있나요?"

머릿속에서 영화 필름이 사정없이 돌아가고 있었다. 그 남자와 돈이 관계가 있는 거로구만. 그 돈은 남자에게 가는 건가? 그 짧은 시간에 내 머릿속은 참으로 분주했다. 그녀의 사주를 다시 살폈다.

"그 분을 만난 시기가 정확히 언제라고요?"

"16년이요."

"C씨에게는 남자의 기운으로 들어온 건 확실히 맞아요. 그런데 한편으로는 그 분에게 뭔가를 주어야 하는 그런 인연으로 만났어요. 서로 경쟁자이기도 하면서 아마도 주어야 한다면 돈이겠죠?"

몇 년간 상담을 하면서 인연법에 대한 예시를 하도 보다 보니 만난 시기가 서로에게 어떤 존재인지를 정의할 수 있는 잣대가 된다는 사실을 파악했다. 역시 사람의 인연은 그냥 맺어지는 것이 아니구나라는 생각이 새삼스럽게 드는 시점이었다.

"소름이네요. 그 사람이 돈이 필요하다 그러더라고요. 제가 줘야 하는 게 맞나요?"

내 머릿속에서 열심히 돌아가던 필름이 헛발질을 한 것

은 아니었다.

"맞고 틀리고의 문제는 아니에요. 그렇게 흘러가느냐 아니냐의 문제죠. 운기의 흐름은 인간의 이성적 판단하고는 전혀 상관이 없어요. 도덕적 기준하고도 상관없고요. 자연에는 선과 악이 없습니다. 사자가 사슴을 잡아먹는 걸 윤리적으로 탓할 문제는 아니거든요. 인간도 자연의 일부란 걸 생각해 보면 인간이 만든 도덕과 법칙은 그저 사회를 잘 운영하기 위한 수단에 불과한 것이에요."

그녀의 눈은 나에게 이렇게 묻고 있었다. '제가 사자에게 잡혀 먹는 사슴인가요?'라고. 세상 모든 것에는 음과 양이 있으므로 관계에서도 마찬가지긴 하지만, 겉으로 보이기에는 일방적으로 주어야만 하는 사람과 일방적으로 받기만 하는 사람도 존재하는 듯하다.

"전생의 카르마를 빌려 설명하자면, 전생에 그 분에게 빚을 졌거나 잘못을 해서 이번 생에 갚아야 하는 인연으로 만났을 수도 있어요. 그렇지 않으면 설명이 힘든 인연들이 너무 많아서요. 주고 싶으세요?"

그녀의 진심이 궁금했다.

"주변 사람들한테 이런 이야기를 하면 백이면 백 다 저를

말릴 거예요. 그래서 아무에게도 이야기 못 해요. 저도 제가
바보 같다는 거 아는데... 그래서 선생님을 찾아온 거예요.
제 마음은 도와주고 싶어요."

아, 이거였구나. 사실 주고 싶지 않았다면 고민도 안했을
일이었다.

"혹시 그 여자분은 아직도 만나고 계신가요?"

관계도 꼬인 마당에 금전까지 섞여 버리면 상황이 더 복
잡해 질 것 같아 물어보았다.

"거의 정리단계라고 하는데 백퍼센트 믿지는 못하죠."

그 말을 하면서 내 눈치를 살핀다. 정리했다고 말을 해도
거짓말일 경우가 많은데 '거의 정리단계'라는 것은 아직 끝
낼 마음이 없다는 뜻이라는 의미로 해석되었다.

뭔가 결심을 한 듯 그녀가 입을 열었다.

"사실은 그 사람하고 금전문제가 정리가 안 돼서 관계도
정리가 안 되는 거라고 그러네요. 그래서 제가 빌려 준 돈
으로 갚아 버리고 관계를 끝내는 게 어떠냐고 제안하더라
고요."

이거였구나. 그래서 그녀도 마음이 동했던 거구나.

"그런데 말은 그렇게 해놓고 돈 빌려 줬더니 몰래 계속

관계를 이어 갈 수도 있는 거 아닌가요?"

내 말에 표정이 어두워지는 그녀를 보면서 아차 싶었다.

그러나 이미 늦었다 생각하고 그럴 바엔 쐐기나 더 박아보자 심정으로 한마디를 덧붙였다.

"인연은 때가 되어야 끝나는 법인데요. 타로로 봐볼까요? 두 사람의 인연이 얼마나 더 갈지요?"

그녀는 정말 궁금하다는 듯이 고개를 끄덕였다. 두 사람의 관계가 시들해진 것은 확실히 맞았다. 열정도 식었고 돈 문제가 걸려 있다는 것도 카드로 알 수 있었다. 다만 상대편 여자가 사랑은 아니었지만 그 남자에 대해 집착하는 부분이 보이는 카드가 나왔다.

"그 여자분이 그동안 자신이 그 남자에게 공들인 본전 생각이 나서, 쉽게 마음이 정리가 되질 않나 보네요."

"그럼 그 남자가 돈을 주면 정리될까요? 이 질문에는 어떻게 나오나 봐주세요."

"이 남자분이 마음이 좀 여린 면이 있네요? 정이라면 정인지 이 남자분도 여자분을 싫어하는 눈치는 아니에요. 여자로서 매력을 크게 느끼지는 못할 뿐이지. 돈을 줘도 한동안 여자가 남자에게 매달릴 거 같긴 해요. 남자도 그걸 칼처럼 끊어 내지 못하고요."

그녀는 한숨을 쉬었다.

"진짜 이런 관계 너무 짜증 나네요. 저도 제 감정이 이해
안 되고 대체 이렇게까지 하면서 그 사람을 왜 만나나 싶은
데 이런 생각이 지나가고 나면, 마음이 이렇게 가는 사람이
자주 나타나는 것도 아니고 꿈에도 등장하는 걸 보면 만나
게 하는 이유가 있구나 싶어서 저 스스로를 설득하게 되고
요. 저는 궁금해서라도 못 끝낼 거 같아요. 제가 좀 호기심
이 많아요, 이런 쪽에."

"지나친 집착이나 말도 안 되는 헌신 같은 걸 하려는 마
음만 없다면 그 사람의 존재가 C씨에게 주는 장점만 봐보
세요. 그리고 본인 말대로 정말 궁금하시면 조금 더 가보시
고요. 절대로 그 사람으로 인해 스스로의 인생을 피폐하게
만들진 마세요."

자각
몽

인생의 절반은 잠이다. 나는 자는 대부분의 시간 동안 꿈을 꾼다. 현대 의학에서는 나 같은 사람을 일컬어 수면장애 환자라고 한다. 나는 과거에도 그랬고 현재에도 그러는 중이고 미래에도 그럴 것이다. 간혹 정말 죽은 듯이 잠에 드는 사람들이 부럽기도 하지만 한편으로는 그런 깊은 잠이 두렵기도 하다. 그래서 수면장애가 크게 싫지 않다. 하루의 절반을 암흑 속에서 보내야 한다니. 죽으면 어차피 영원한 암흑일 텐데.

나는 자는 동안에도 인생이 진행 중이었으면 좋겠다. 이런 내 바람이 이루어진 게 아니라 내가 어쩔 수 없는 것을 받아들이기로 마음먹은 것이다. 어차피 못 잘 거면 꿈이 주는 신호나 알아내서 로또를 사볼까 하는 계산도 없진 않지만 그런 행운이 주어질 운명은 아닌 걸 알고 있다. 나에게 꿈은 현대 심리학에서 말하는 무의식의 발현이기도 하고 우주와의 소통이기도 하다.

내가 나를 인식한 시점(대략 5~6살 무렵)부터 나는 꿈에 시달렸다. 아니 꿈과 함께 또 다른 세상에서 살았다. 그 세상이 나를 키웠다. 현실의 세상보다 꿈의 세상에서 훨씬 자유롭고 행복하고 안락했다. 깨고 싶지 않았다는 표현이 맞았다. 어쩌면 나는 이 세상과 맞지 않는 사람이었다는 생각도 든다. 우주의 고아. 어쩌다 인간으로 잘못 태어나 육체의 부모는 있으나 영혼은 고아인 그런 아이. 그런 내게 꿈이라는 세상은 현실의 탈출구였다. 나는 매일 꿈꾸기를 기다렸다. 그래서 잠을 자는 데 많은 시간을 할애했다.

어린 시절의 나는 천성적으로 게을렀다. 몸을 부지런히 놀리는 걸 싫어했고 타인에게 내 노동력을 제공하는 데 인색했다. 가급적 몸을 편하게 두는 상황에 편승했고 나른해지길 원했다. 다행히 어린 시절에 시골에 살았다. 부모님에 대한 기억은 거의 없다. 내 유년의 기억은 할머니다. 아궁

이의 재에 묻어 두었던 할머니의 고구마, 밥과 김치로만 이루어진 할머니의 김밥, 친척집에 제사라도 있는 날이면 잠이 든 날 업어 주시던 할머니의 등, 그리고 할머니의 부재로 보내는 밤의 시간들. 내 세포에 기억될 만큼 나는 그 시절의 기억들을 감성적으로 품고 있다.

꿈을 꾸고 나면 늘 몸살을 앓았다. 현실의 세상에 적응하는 것이 꿈이었으면 좋겠다고 생각할 정도였다. 무엇이 날 그렇게 힘들게 했을까를 생각해 보면 딱히 떠오르는 점이 없지만 그 시절의 내 영혼은 이미 알고 있었던 듯하다. 특별히 괴로운 것이 없어도 현실에서의 삶 자체가 영혼에게는 감옥과 다름없음을 말이다. 물론 가끔 악몽을 꾸는 날에는 경기(驚氣)를 일으키기도 했다. 그래도 꿈은 현실보다는 내게 관대했다. 꿈에선 어떤 외로움도 소외감도 느껴지지 않았다. 그 시절 부모님은 나만 남겨 놓고 다른 형제들을 데리고 서울로 떠났다. 남겨진 나는 내 인생에서 가장 애증했던 할머니와 함께 살게 되었다.

내가 꿈을 꾸고 있음을 자각하고 조정할 수 있다는 것을 안 것은 나이가 꽤 들어서였다. 사실 꿈을 꾸는 것 자체가 뇌가 완전한 휴식상태에 들지 못하는 상태임을 의미한다면 자각하지는 못했더라도 나는 한 번도 꺼진 적이 없는 기계와 같았다. 그러다 내가 그 꿈을 꾸고 있는 상태구나라는 사실을 꿈을 꾸는 동안 깨닫게 된 것이다. 꿈을 자각하는 그 순간은 비로소 나의 진정한 정체성을 깨닫는 순간이었다. 비록 낮이 아닌 밤의 시간이었지만 영화 <쇼생크 탈출>에서처럼 나라는 감옥에서 탈출한 기분이었다.

총을 든 괴한에게 쫓기는 꿈을 꾼 적이 있다. 꿈을 꾸고 있다는 것을 알았지만 바로 깰 수 없는 상태였다. 그 괴한을 피해 일단 몸을 숨기는 것이 급선무였다. 다른 사람의 꿈은 어떤지 모르겠지만 내 꿈은 그렇게 디테일하지 않은 게 특징이다. 그 남자가 쏘는 총을 맞지 않아야 살 수 있다는 생각만이 지배적이었다. 상황에 녹아드는 것이 아니라 '나'의 생존본능이 너무 강했다. 그러니 온전히 그림 속의 한 점으로서가 아니라 내 자신이 중심이 되어 버리는 것이다. 시간과 공간이 모두 내 의식의 지배를 받아 재배치되어 버린다.

결국 나는 그 사람이 못 알아보는 장소에 숨거나 그가 총을 쏴도 맞지 않는 영화 <매트릭스>의 한 장면 같은 상황을 만들 수 있는 것이다. 그 모양새가 마치 꿩이 몸통은 다 드러낸 채 머리만 푹 파묻고 있는 형국과 크게 다르지 않다. 일단 내 눈에 안 보이면 되는 거였다. 이렇게 상당히 유치하고 작위적인 모양새를 띄는 것이 나의 자각몽이다. 다른 사람의 자각몽에 대해서는 아는 바가 없으니 비교를 할 수는 없겠지만 자신이 꿈을 꾸고 있는 상태임을 인식하고 작위적으로 꿈을 조종할 수 있는 것이 자각몽의 특징인 걸 보면 크게 다르지 않을까 싶기도 하다.

한번은 평소에 흠모하던 남자배우와의 로맨스를 꾸고 있었다. 그런 꿈은 굳이 꿈이란 것을 자각할 필요성을 못 느끼기에 충분히 그 분위기에 젖어들었다. 오감을 다 사용할 수 있는 장치를 착용하고 극장 맨 앞에서 영화를 보는 느낌과 흡사했다. 그러다 갑자기 어떤 소음으로 인해 의식이 돌아왔다. 예민하여 잠귀가 밝은 탓이었다. 너무 달콤하여 깨는 순간이 원망스러웠다.

그 느낌이 아직 남아 있을 때 다시 느끼고 싶어 눈을 감았다. 내 스스로도 설마 이게 될까 싶었다. 정신의 일부는 각성되었지만 내겐 아직 몽롱한 일부가 남아 있었다. 가까스로 조각들을 이어 붙이면서 다시 잠이 들었다. 신기하게도 이전에 꾸었던 달달한 로맨스를 다시 이어 갈 수 있었다. 이 세상에 온전히 내 의지만으로 이루어지는 일이 있다는 사실에 기뻤다.

때로는 자각몽이 아니었다면 아주 끔찍한 악몽이 될 뻔한 꿈들도 있다. 지하실과 연관된 두 개의 꿈을 소개해 볼까 한다. 그 당시 나의 심경을 반영한 것인지 아니면 정말나도 모르는 무의식에서 튀어나온 것인지 모를 어두컴컴한지하실이 꿈에 등장했다. 중세시대 건물처럼 웅장한 느낌이었고 아래로 통하는 계단은 나선형을 이루고 있어서 아래쪽에 뭐가 있는지를 보면서 내려가는 구조였다.

지하실 특유의 퀴퀴한 냄새까지도 지원되는 꿈이었다. 흐린 불빛을 들고 내려가고 있는데 조금씩 아래쪽에 있는물체들의 형상이 보이는 것이었다. 꿈이었지만 그때의 섬뜩한 느낌이란. 어둡고 서늘하고 축축한 곳에 쌓여 있는 것은 바로 사람의 시체였다. 그것도 한두 개가 아니라 더미를이루고 있었다. 그것을 보는 순간 나도 이 계단을 내려가면 저 시체 꼴이 나겠구나 싶어 꿈의 모드를 자각몽으로 바꾸어 의식을 두들겨 깨웠다. 간신히 눈을 떴고 일어나 불을켰다.

아무리 자각몽이라도 의식대로 몸이 말을 안 들을 때도

있기 마련이다. 눈을 떴지만 내 몸이 말을 안 듣고 다시 눈을 감아 버리는 것이다. 필름이 돌아가고 있는데 잠시 한눈을 판다고 영화가 끝나는 건 아닌 경우와 같다. 눈을 다시 감는 순간 소름 끼치는 분위기의 장면은 그대로 이어진다. 간신히 꿈을 빠져나왔다고 생각했는데 다시 빨려 들어간다. 그 모든 감각을 느끼면서 끔찍한 광경을 맞닥뜨리는 것이야말로 귀신에게 목 졸리는 것과 같은 경험이 아니면 무엇이란 말인가.

잠시라도 머물고 싶지 않은 지옥과도 같은 상황에서 벗어나기 위해 나는 발버둥을 쳤다. 눈을 다시 뜨고 머리를 흔들면서 눈을 감지 않으려 했다. 눈을 뜨고 있는 시간이 지속되면 의식은 꿈에서부터 현실로 넘어온다. 그다음은 어차피 잠자기는 글렀지만 그래도 모르니 불을 켜고 잠이 드는 것이다. 또는 불경을 틀어놓기도 하는데 그러고 나면 희한하게도 악몽을 다시 꾸지는 않았다.

최근의 지하실 관련 꿈은 조금 특이했다. 꿈이었지만 지하 30층 정도 되는 듯 깊이의 압박이 가슴을 짓눌렀다. 희미한 전구가 켜진 지하실의 복도를 여러 사람들과 일렬로 줄을 서서 지나가는 것이었다. 분명 이 사람들도 나와 같은 처지로 붙잡혀 온 것이 틀림없었다. 복도를 지나가다 보면 여러 개의 방이 나오는데 모두 개방되어 있어서 안에서 무슨 일이 벌어지는지 볼 수 있었다. 마약을 하고 널부러져 있는 사람들도 보였고 매춘이 벌어지고 있는 듯한 상황도 있었다. 가장 끔찍했던 것은 여기저기 피가 묻어 있고 오물들이 널려 있어 지저분하기도 했지만 간이 수술대가 있어서 직감적으로 장기적출이 이루어졌을 것 같은 방이었다. 세상의 모든 추악한 일들은 모두 벌어지고 있는 곳임에는 틀림없었다.

온몸에 소름이 번지고 머리카락이 쭈뼛하게 서는 오싹함이 좀체 사라지지 않았다. 복도 끝에 도착하자 계단식으로 이루어진 사각형의 넓은 방이 나왔다. 모두 그 방으로 들어갔다. 입구와 출구가 하나였다. 들어온 곳이 아니면 나갈 수도 없는 곳이었다. 여기에 들어오면 살아서 나가기는 힘들겠다는 생각이 들었다.

그때부터 자각몽으로의 전환이 서서히 이루어지는 느낌을 받았다. 이곳에서 개죽음을 당할 수도 있겠구나라는 압박감이 너무나 커서 누군가 날 죽이기 전에 죽을 것만 같았다. 어떻게든지 탈출을 해야 했다. 그런데 입구는 막혀 있고 다른 출구는 없어서 수증기로 증발하지 않는 한 나갈 수 있는 방법은 없었다. 죽기 위해 나가거나 죽어서 나가거나 둘 중 하나였다. 그런 생각을 하는 동안 내 영혼은 두려움을 참을 수가 없었다.

이전에 이런 악몽을 꾸게 되면 너무 견디기 힘들어 어떻게든 잠을 깨려고 발버둥을 쳤다. 끝까지 있다가 무슨 봉변을 당할지도 모르기에 그전에 어떻게든 멈추려는 의지의 발현이었을 것이다. 그전에 멈추었기에 드라마에서처럼 악소리를 지르며 깨는 상황은 거의 벌어지지 않았었다. 그러나 그날은 눈을 뜨기보다는 다른 선택을 했다.

꿈이 작위적이라 잘 짜인 드라마처럼 매끄럽게 흐르지는 못했다. 어느 순간에 갑자기 내 몸에서 빛이 나면서 내 몸이 공중으로 붕 뜨는 것이었다. 온몸에서 발산되는 빛이 너무나도 밝아서 주변의 사물들의 형체를 알아볼 수 없을 정도였다. 나는 빛으로 어둠의 악을 밝혀서 사라지게 만들고 나 또한 지하의 감옥에서 탈출한 것이었다. 그렇게 꿈은 끝나고 나는 꿈에서 깼다.

세상을 구하려는 영웅의 탄생기도 아니고 좀 어이없다는 생각이 드는 꿈이긴 했다. 요즘 들어 꿈을 나의 의지로 바꿔 보고 싶다는 생각이 든 탓일 수도 있다. 전에는 꿈이란 것이 나에게 알려 주는 것이 있을 수도 있다고 생각했다. 물론 예지몽적인 측면이 없지 않다는 것도 알고는 있다.

그런데 요즘 들어서는 내 '의지'가 나의 모든 면에 침투하는 느낌이다. 과연 그 의지가 내가 생각하는 '나'일지는 의문이긴 하다. 도대체 어디까지가 '나'일까도 궁금하다. 마치 나라는 틀의 경계선을 무너뜨리는 작업이 진행되고 있는 느낌이다. 과연 누구에 의해서일까. 경계의 모호성이 가져오는 특혜는 내 영혼이 자유로워짐과 동시에 정신분열증이 되지 않으려고 내 자신을 더 다잡으려는 강박의 역효과를 동반한다.

✻ ✻ ✻

예지
몽

대학생 시절이었다. 방학이었던 거 같다. 낮잠을 자고 있었는데 꿈에서 한 통의 전화가 걸려 왔다.

"나 정아야."

평소에 자주 연락을 하고 지내는 친구가 아니어서 의아해하던 중이었는데, 어디선가 또 전화벨이 울렸다. 그 벨소리는 꿈과 현실의 분수령이 되었다. 짧은 통화를 했던 꿈을 뒤로 하고 전화를 받았다.

"여보세요?"

"나 정아야."

그 순간에 머릿속이 멍해지면서 대체 이건 뭐지 하는 생각이 들었다. 또 한편으로는 불과 몇 분 후에 일어날 일을 굳이 예지할 필요가 있을까 싶기도 했다. 이것이 나의 예지몽의 시작이었다.

정확히 다음에 어떤 일이 일어날 것이라고 직접적으로 알려주기보다는 암시적으로 알려 준다는 것이 내 예지몽의 특징인 듯하다. 반복적으로 꾸는 꿈이 있었다. 보통 이가 빠지는 꿈은 불길하다고 본다. 한두 개도 아니고 이가 전체적으로 흔들거리더니 폭파현장의 건물 무너지듯이 와르르 쏟아져 내렸다. 꿈을 깨고 나면 이를 손으로 흔들어 보곤 했다.

꿈에 대한 해석을 검색해 보곤 했는데 정확한 해석은 알 길이 없었다. 이가 빠진다는 꿈 자체가 불길하다는 낙인이 찍힌 상태여서 좋은 해석을 기대할 수는 없었지만 전체가 다 빠지는 꿈은 해석을 찾기도 쉽지 않았다. 그러던 어느 날 가장 마음에 드는 해석을 찾았다. 이가 몽땅 빠진다는 것은 지금과는 전혀 다른 삶을 살게 될 전조라는 것이었다.

나는 반복되던 꿈이 말해 주는 대로 예상치도 못하는 삶에 발을 들였다. 단지 사주상담을 하는 일 자체를 의미하지는 않는다. 명리학과의 만남은 내 인생을 흑백에서 칼라의 세상으로 바꾸어 주었다. 완전한 새 것으로의 탈바꿈은 아니지만 자유롭게 날지 못하게 했던 영혼의 오래 묵은 때를 빼주었다고 해야 할까. 몸속에 쌓여 날지 못하게 했던 오래된 노폐물을 빼주었다고 해야 할까. 그렇게 몇 년간을 나를 정화하는 데 시간을 할애했고 지금도 진행 중에 있긴 하다. 이가 모두 빠지는 꿈은 나의 이러한 '새로운 탄생'을 예지한 꿈이었다. 이제는 더 이상 이가 빠지는 종류의 꿈은 꾸지 않는다.

내 인생에 영향을 미쳤던 꿈들은 몇십 년이 지나도 잊히지 않는다. 마치 한 번 생기면 옅어질 뿐 사라지지 않는 흉터 자국처럼 말이다. 수도 없이 꿈을 꾸지만 다음 날이면 어김없이 기억에서 사라지는 것들이 대부분이다. 그 와중에 내 기억 속에 저장되어 수년이 흘러도 잊히지 않는다는 것은 단지 머릿속의 기억에만 의존하는 기능은 아닌 것이다. 내 영혼이 그것을 기억하고 몸에 새겼기 때문이다. 그 꿈도 내 운명의 한 조각인 것이 분명하다.

명리학을 시작하게 된 그 해에 꾸었던 꿈도 생생하다. 내 영혼이 하얀 종이 위에 거침없이 무언가를 써내려 가는 내 자신을 보고 있었다. 카메라가 서서히 줌인 하듯 나는 나에게 서서히 다가가 결국 몸에 안착했다. 이제는 내가 내려다보는 종이에 적힌 것들이 무엇인지를 인식하는 일이 남았다.

일말의 주저함이나 막힘이 없이 아주 정갈한 글씨로 써 내려 간 그것은 바로 대학수학 문제풀이였다. 태생적으로 숫자에 대한 울렁증을 가진 내가 고등수학도 아니고 대학수학을 풀고 있다니. 그것이 대학수학 문제였는지도 그 순간에 알아챌 수 있었다. 신기했다. 한 번도 대학수학을 본 적도 없는데 말이다. 꿈은 이렇듯 인식 이전에 오는 것이었다.

꿈을 깨고 나니 어떤 묵직한 것이 가슴에 안기는 느낌이었다. 마치 내 인생에서 평생 해야 할 숙명과도 같은 일을 만나게 될 것 같은 느낌이랄까. 꿈속의 상징은 구체화되지 않아도 이미 영혼이 감지하고 있기 때문에 깨고 난 후의 느낌을 중시한다. 그런데 왜 하필 수학이었는지가 궁금하긴 했다. 수학은 내게 특별하다. 학창시절 늘 내 발목을 잡았던 과목이었다. 영어와 국어는 나름 잘했지만 늘 수학이 평균 점수를 깎아 먹었다. 결국 고3때는 수포자(수학을 포기한 자)가 되고 말았다. 내 인생에서 잃어버린 퍼즐 조각이 몇 개

있는데 그중 하나가 수학이었다.

그 당시 나에게 아니 고등학생들에게 수학을 포기한다는 것은 좋은 대학에 가는 걸 포기하겠다는 의미였다. 내 인생이 언제부터 꼬였는지에 대한 생각을 하다 보면 귀결점이 늘 수학이었다. 내가 수학을 포기하지 않았다면 더 좋은 대학을 갔을 것이고 더 좋은 직업을 가졌을 것이고 더 좋은 남자를 만났을 것이고 지금보다 더 잘 살고 있었을 텐데.

아무런 영양가 없는 if 가정법을 늘어놓았던 그런 내가 수학문제를 푸는 꿈을 꾸었다는 것은 꼬일 대로 꼬인 내 인생의 매듭이 어느 순간에 풀어지는 것을 의미하지는 않을까라고 해석했었다. 거기에 더해서 남은 생애 동안 내게 숙명과도 같은 과업이 주어질 것이라는 예감도 들었다.

이가 몽땅 빠지는 꿈과 수학문제를 풀던 꿈이 합체하여 실현된 것은 명리학을 배우고 난 후였다. 명리학을 공부하고 사주상담을 하는 일 자체가 그것은 아니었다. 그것은 전조현상일 뿐이었다. 인생은 한 번에 변화하지 않는다. 죽을 고비를 넘긴 사람도 그 순간에는 새 삶을 얻은 거 같아 감사하며 새로운 사람이 되자 하지만 시간이 지나면 다시 원래의 자신으로 돌아간다.

인간은 태어날 때부터 아니 어쩌면 태어나기 전부터 지녀 온 고유한 습성을 쉽게 버리지 못하고 살아오면서 습득한 관성으로 눈치껏 삶을 영유한다. 거기엔 자신을 변화시키려는 도전을 흔쾌히 허용하지 않겠다는 고집스러움이 있다. 그러나 변화가 오는 시기를 감사하며 맞아야 한다. 대부분의 변화는 고통과 아픔을 수반하기 때문에 달갑지 않은 손님이다. 손님 대접에 소홀하면 결코 손님이 주고 간 새로운 인생을 향유할 수 없다.

명리학을 배운 지 얼마 되지 않은 시점에서 나는 정신적으로나 금전적으로 바닥을 치고 있었다. 신들이 주최하는 '누군가의 삶을 어디까지 끌어내릴 수 있나'라는 제시어를 건 시험장에 시험대상으로 서 있는 기분이랄까. 다 쓰러져가는 사람에게 그나마 한줄기 희망을 주면서 다시 또 일어서게 만드는 '희망고문'이라도 되는 듯한 꿈을 여러 번 꾸었다. 서양 심리학에서는 꿈을 꾼다는 것을 무의식속에 감춰진 것들이 드러나는 현상이라고 한다. 일부는 동의하지만 전적으로 동의하지는 않는다. 물론 너의 무의식을 네가 어떻게 인식하겠느냐고 할 수도 있다. 그러니 그것이 무의식이 발현되는 것인지 모르지 않겠느냐고.

최근에 꾼 꿈은 상당히 파격적이었고 생생했다. 또한 예지몽적인 성격을 충분히 띠고 있었다. 학창시절에 자랐던 동네가 등장했다. 누구나 인정하는 집값이 엄청 비싼 동네에서 다리 하나를 건너면 위치한 곳이었다. 그 주변에는 커다란 경기장도 있고 우리나라에서 가장 높다는 건물도 있다. 꿈에서 아파트가 많은 동네를 걷고 있었는데 갑자기 지진이라도 발생한 듯 건물들이 하나둘씩 무너지는 것이었다.

건물들이 도미노처럼 연달아 무너지는 광경은 마치 인간이 끊임없이 쌓아 올린 욕망이 한순간에 물거품이 될 수도 있다는 것을 상징적으로 보여 주는 듯했다. 무너진 건물 사이사이에 숨진 사람들과 살아서 절규하는 사람들로 아비규환을 이루는 광경을 지나니 이번에는 한강이 범람한 것인지 건물들이 무너진 곳이 물바다로 변했다.

건물이 무너져서 물속으로 가라앉아 버린 광경이 마치 하루아침에 물속에 가라앉아 버린 아틀란티스를 연상케 했다. 남아 있는 건물의 꼭대기 부분에 간신히 몸을 피신하고 있었다. 이 곳을 탈출하게 해줄 배는 이미 돈이 많은 사람들에 의해 선점되어 그들을 싣고 떠나 버렸다. 이 꿈에서는 확실히 내 의지가 개입되지는 않았다.

그저 망망대해를 바라보며 무언가를 기다리고 있는 나를 인식할 수 있을 정도였다. 그때의 내 감정은 죽음에 대한 두려움도 구출되지 못할 거라는 절망도 아니었다. 언제부턴가 꿈을 자각하거나 의지가 개입된 경험을 해서 그런 것일 수도 있다는 가능성을 배제할 수는 없다. 믿는 구석이 있었는지는 알 수 없지만 담담했던 것으로 기억난다.

그때 저 멀리서 세 척의 배가 오는 것을 발견했다. 배를 타기 위해서는 지금 있는 곳에서 뛰어내려야 했다. 실제로는 수영을 못 하지만 꿈에서야 뭔들 가능하지 않으랴. 건물 꼭대기에서 뛰어내린 나는 아주 기분 좋게 수영을 하고 배에 올라탔다. 완전한 폐허 끝에 새로운 희망이 다가온다는 뻔한 스토리이지만 이건 영화가 아니라 꿈이다. 잠들기 전에 스펙터클한 영화를 봤을 경우 꿈에서 그 연장선의 내용을 꾸기도 한다는 것을 알고 있다.

하지만 이건 영화의 한 장면이 아니지 않은가. 게다가 최근 들어 다소 절망적인 내 심리상태를 너무나 잘 반영한 꿈인 거 같아서 놀랍기도 하고 끝부분의 해피엔딩에 안도감도 느꼈다. 꿈의 내용과는 무관하지만 최근 들어 강남의 집

값이 떨어지고 있다는 소식을 들었는데 저 꿈을 꾸기 전에
는 전혀 몰랐던 사실이었다.

✽ ✽✽

유체이탈을 경험하다

어렴풋하게 보이는 공간은 분명히 내가 잠들었던 바로 그 방이었다. 그 방에 내가 서 있는데 온전한 몸의 형체를 갖춘 상태는 아니었다. 검은 그림자 같기도 뿌연 안개 같기도 한 형체였다. 그런데 갑자기 벽으로 다가서더니 흡수되듯이 벽을 통과하는 것이었다. 그리고 그다음 벽도 또 다음 벽도. 완전히 깨어 있는 상태라고는 말할 수 없었지만 그렇다고 자각몽 상태도 아니었다. 자신을 의식하고 있었지만 몸은 가벼웠고 꿈처럼 현실과의 괴리도 없었다. 그렇게 밤새 나의 영혼은 벽과 벽을 통과하고 먼 거리도 단숨에 도달하는 축지법을 사용하며 육체를 벗어나 세상 어디에도 없을 자유를 만끽했다.

기억을 더듬어 보자면 그 형체가 낯선 타인은 아니었기에 그냥 '있는' 나로서 인식한 것이지 사회적 정체성을 갖춘 나로서 인식한 것은 아니었다. 아니 어쩌면 내가 인식하기 이전 또는 나의 인식을 거치지 않은 상태의 나였을 것이다. 영혼은 그저 자유롭게 떠돌다 어떤 육체를 만나 어떤 사람의 자식이니 누구의 부모이니 어떤 직업을 가진 누구라는 정체성이 생기는 것이라고 본다면 그런 이름표가 붙여지기 이전의 원시적인 영혼 그 자체였다.

띠리리리리. 어디선가 시공을 가르는 알람소리가 들렸다. 눈을 뜨자 천장이 보였다. 꿈을 꾸고 일어났을 때와는 달리 시간과 공간에 대한 인식이 쉽지 않았다. 집 나간 내 영혼은 육체가 처한 현재 상황을 파악하는 데 한참의 시간을 소비했다. 나는 학생인가 직장인인가? 지금 여기는 신설동인가 대치동인가?

그렇게 나는 눈만 껌벅거린 채 10분 정도를 누워 있었다. 그 당시 나의 사회적 위치에 맞는 껍데기가 어떤 것인지를 파악하는 시간이었다. 만약 그동안에 가족 중 누군가가 내 방에 들어왔다면 난 그 사람이 나와 어떤 연관이 있는지에 대해서도 데이터베이스를 돌리느라 인사를 주저했을 것이다. 그렇게 첫 번째 나의 유체이탈은 역사적인 기록을 남겼다.

멍한 상태에서 어느 정도 벗어나고 나니 제정신이 돌아왔다. 현실의 나로 돌아온 것이다. 정신과 육체의 교합이 맞은 상태였다. 유체이탈 상태에서는 교합이 어긋나 육체를 벗어난 영혼이 무한한 자유를 느꼈을 것이다. 태어나 처음으로 맛본 낯선 경험이었다. 스스로 조금 특이한 사람이라고 생각한 적은 있었지만 이런 경험을 하고 나니 도대체 나란 사람은 어떤 사람일까에 대한 의문이 생겨났다. 이렇게 영혼이 자유로우니 현실에 적응하기가 어려웠나 싶기도 했다. 이런 경험을 이야기한다고 이해해 줄 사람이 몇이나 될까 싶어 혼자만의 비밀로 간직했다.

생각해 보면 벽을 통과한 것은 그때가 처음이었지만 20대에 무중력 상태의 우주를 날아다닌 경험을 한 적이 있다. 그때는 그것이 꿈이라고만 생각했다. 공처럼 둥근 지구 위에서 내 몸이 붕붕 떠다니고 있었다. 마치 만화의 한 장면처럼 다소 코믹하기도 했다. 왜 그런 꿈을 꾸나 그런 생각만 했지 그것이 유체이탈의 한 종류라는 생각을 해본 적은 없었다. 날아다닌 꿈은 그게 끝이 아니었다. 자각몽과 뒤섞여 내가 어디를 날아가고 싶은지도 설정할 수 있었다. 물론 백퍼센트 내가 의도한 대로 되지는 않았다. 지금 생각하니 내 머릿속에 멋진 장면에 대한 이미지가 없었거나 그 순간 상상력의 한계에 부딪혔던 거 같다.

집 나가기를 상당히 즐기는 내 영혼은 그렇게라도 육체의 감옥에서 탈출하고 싶었나 보다. 이탈을 한 후에 돌아와서 시공을 파악하는 데 시간이 걸렸던 것은 그때 이후로는 그렇게 길지는 않았다. 그 뒤로는 자각몽인지 유체이탈인지를 구분하기 어려운 정도의 모호한 경계선을 넘나들었다. 그도 그럴 것이 거기에는 늘 내가 있었기 때문이었다. 잠을 자는 동안에도 내가 죽어 있지 않고 깨어 있었다는 사실을 알고 나니 굳이 자각몽이냐 유체이탈이냐를 규정짓는 것이 무의미해졌다. 그냥 나는 나를 충분히 즐기고 있었던 것이다.

우연은 태어나기 이전에
이미 계획된 것들이다

❄❄❄

주어야 사는
여자

　자신의 가치에 대해 제대로 평가하는 사람은 그리 많지
않다. 절대적 가치란 것이 존재하지 않을뿐더러 스스로의
판단보다는 주변인에 의해 이미 결정된 가치에 순응하며
살기 때문일 것이다. '너는 이런 애야. 너는 이런 사람이야.'
말 속에는 어떤 힘이 있다. 말을 듣는 사람은 은연중에 상
대가 내뱉는 단어가 쳐놓은 그물에 빠져 허우적거린다.

　볼 수도 없고 만질 수도 없는 말이 머릿속에 박혀 그 사
람을 조종하는 연가시처럼 작용한다. 그에 더해 상대가 자
신에게 말을 할 때 사용하는 뉘앙스에도 많은 의미가 전달
된다. 상대로부터 무시하는 어조의 말을 자주 듣는 사람은

자신이 상대방보다 낮은 사람이라는 인식을 갖게 된다.

말도 그러한데 행동은 오죽할까. 한번 사람에게 버림을 받은 사람은 그에 대한 트라우마로 자신은 버림받을 운명이라는 주홍글씨를 스스로 새기고 산다는 느낌을 받는다. 가령 여자일 경우 남자에게 사랑받지 못하고 이혼할 팔자라는 둥, 남자의 경우 자신의 여자를 지키지 못하고 뺏기는 팔자라는 둥, 부모복이 없다 또는 자식복이 없다 등의 경우가 그렇다.

그런 게 세상에 어디 있느냐, 모든 건 자신이 생각하기 나름이다는 식의 핑크빛 포장지로 얼버무릴 수도 있겠으나, 그걸 믿을 사람이 몇이나 될까 싶다. 남녀 관계에서 또는 인간관계에서 우위를 차지하는 사람과 그렇지 못한 사람과는 어느 정도는 정해져 있기 때문이다. 물론 그럼에도 불구하고 다른 사람에겐 강한 사람이 유독 한 사람에게만은 약한 경우도 있을 수 있다. 그럴 경우 '임자' 만났다는 표현을 쓰기도 한다.

그녀의 첫인상은 '한'이 많아 보였다. 그녀는 한때 잘나가던 학원을 운영했던 사람이었지만 남편의 바람과 동시에 자신의 인생도 바람과 함께 사라져 버린 것마냥 이야기했다. 솔직히 내가 그녀를 이해할 수 없는 상황인 것은 맞는 얘기다. 모든 것을 다 바쳐 헌신했던 남자가 자신이 언니라고 믿고 따르던 지인과 바람이라니. 드라마나 멀리 달나라 이야기가 아니었다. 나의 어머니 시대에나 통했을 법한 남자에게 '헌신'하는 여자라니. 헌신이라는 단어를 들으면 '낡은 신발'이라는 단어가 먼저 떠오르는 나로서는 사랑하는 사람에게 헌신하는 그녀들에게 존경의 고개를 숙이는 바이다.

그러나 그녀들에게 한마디는 해야겠다. '사랑=헌신'이라는 공식의 정당성 여부를 떠나 그 남자에게 헌신하는 동안 자신에 대해서는 얼마나 살펴었느냐 하는 질문을 던지고 싶다. 남자에게 받기만을 바라는 '된장녀'가 득시글하는 판국에 무슨 소리냐, 타인을 위해 자신을 희생하는 것은 숭고한 일이라고 그녀들을 대변할 남자들도 수십만 명은 존재할 것이다. 된장녀가 잘못 되었다는 것을 인식하는 남자라면 헌신녀도 뭔가 이상하다는 것을 알아채야 맞는 것이다. 사랑하는 관계에서 자로 재듯 50대 50으로 사랑할 수는 없지만 한쪽의 일방적인 희생으로 유지되는 관계는 정상적인 관계가 아니다.

그런 과거의 상처를 안고도 그녀는 자신의 행보를 반복하고 있었다. 그녀는 자신보다 상황이 안 좋은 남자에게 끌림을 느끼는 사람이었다. 동정심이라고 해야 하나, 측은지심이라고 해야 하나. 그런 사람에게 자신의 애정과 노력을 바쳐 상대가 나아지는 모습을 보면서 행복해하는 그녀를 뭐라 할 수만은 없다. 사실 그것이야말로 한 인간이 다른 인간에게 줄 수 있는 진정한 사랑일 수 있으니까. 문제는 인간의 얄팍한 심리에 있다 하겠다. 특히 아가페보다는 에로스에 기반하는 남녀 간의 사랑의 경우 나에게 헌신하는 여자에게 고마운 마음은 들지언정 그 여자를 계속해서 안고 싶다는 성적 자극은 줄어들기 때문이다. 너무나 당연하다. 그녀가 그에게 준 것은 엄마의 사랑이었다.

　여자가 남자를 사랑하게 되면 처음에는 그 남자가 자신을 지켜 줄 것만 같은 착각으로 시작하지만 생태계에서 수컷은 결국 암컷의 몸을 통해 세상에 나온다. 원초적 관점에서 보면 모든 여자는 남자의 원천이다. 그러니 남자가 여자에게 엄마의 역할을 원하는 것은 당연하다. 그러나 그렇다고 엄마의 역할만을 해주는 여자를 어찌 사랑할 수 있겠는가. 두 이미지의 교집합이 적을수록 에로스적 사랑의 형태가 오래 지속되는 것이다. 그녀는 그 점을 놓치고 있었다.

딸이 엄마의 인생을 닮는다는 소리를 좋아하지 않는다. 자식은 엄연히 부모와는 별개의 인생이다. 어쩌다 유사한 점이 몇 가지 발견된다 해도 생판 모르는 타인과도 공통점이 있는 것이 사람이다. 그걸 가지고 딸은 엄마 팔자를 닮는다는 엎어치기식의 말을 하는 것은 수백만 명의 사람을 4가지 유형으로 구분하는 혈액형과 뭐가 다를까 싶다.

세상에는 아직도 혈액형을 믿고 딸은 엄마의 팔자를 닮는다는 걸 불변의 진리인 양 믿는 사람들이 차고 넘친다. 어쩜 그리도 사람을 단순하게 볼까. 그러니 여러 가지를 놓치는 것이다. 인간이 얼마나 섬세한 수천 수백의 날실과 씨실처럼 얽힌 존재인지를 모르는 것이다.

그녀의 아버지에 대한 이야기를 들었다. 포악한 성격 때문에 어머니가 맘고생을 많이 하다 화병으로 돌아가셨다는 스토리였다. 객관성을 확보하는 것이 관건이긴 했지만 일단 그녀의 말을 통해 가족사를 미루어 짐작했을 때 부모님의 관계가 원만하지 않았던 것만은 확실했다. 어머니를 힘들게 해서 결국 돌아가시게 한 원흉이 아버지란 사실을 자신의 입으로 말해 놓고도 아버지의 포악함 이면에 남성성의 매력이 강하다는 뉘앙스를 풍기는 걸 보면 뭔가 이중 잣대로 아버지를 보는 듯했다.

물론 어머니에게는 나쁜 남자였으나 외부의 여자들에게는 충분히 매력적인 남자일 수는 있다. 하지만 보통의 딸들이라면 어머니가 힘들었던 상황을 여자인 자신의 입장에 대입시켜 아버지를 생각하면 이가 갈리고 분한 감정이 들어야 하는 것이 상식적이고 일반적이다. 더구나 그녀는 외부의 여자들 중 한 명도 아니질 않는가. 여기에서 그녀가 남자를 보는 포인트를 어느 정도 예상할 수 있었다.

아니나 다를까, 그녀가 만나는 남자도 아버지와 일부 비슷한 유형이었다. 물론 아버지처럼 상남자 스타일은 아니었다. 평소에는 소심하고 말도 없는 타입인데 술을 마시면 폭력적으로 변하는 남자였다. 불행하게도 폭력적인 점이 아버지와 공통점이었다. 하필 그런 공통점을 가진 남자를 사랑하다니. 그녀의 인생이 점점 이해가 안 되기 시작했다. 나와 관점이 다르다고 해도 그 사람 나름의 삶의 방식을 존중해야 한다는 것을 머리로는 알고 있다. 하지만 어떠한 상황에서도 사람에게 폭력을 쓰는 사람을 옆에 두려는 사람의 정신상태는 이해하기가 쉽지 않다. 그것도 습관성이라면 더더욱.

동거를 하려고 한다고 했다. 난 그녀를 말렸다. 차라리 밖에서 데이트만 하고 집에 들이지는 말라 했다. 인간 대 인간으로서의 진심 어린 조언이었고 그녀가 나보다 몇 살 어렸기 때문에 동생이라고 생각하고 해준 말이었다. 더구나 어린 딸까지 키우는 입장에서 행여나 딸아이가 폭행의 장면을 목격이라도 할까 봐 그것이 가장 걱정이었다. 내가 아닌 다른 사람이었다 해도 어느 누가 한 사람의 안위보다 사랑을 우위에 두는 결정을 할 수 있을까. 하지만 그녀는 누구의 말도 듣지 않았다. 인간은 모든 화를 스스로 자초하는 존재임은 분명하다.

현대인은 한 가지 이상의 정신병에 시달리고 있다고 해도 과언이 아니다. 정신병원의 약을 먹는지 아닌지로 구별하는 문제는 아니란 소리다. 차라리 자신의 정신적 문제를 솔직히 인정하는 사람이 더 정상처럼 보인다. 최소한 자신이 이상하다는 것은 인정한다는 것은 무엇이 정상범위에 들어간다는 것도 알고 있다는 이야기이니까 말이다.

그녀는 그를 너무나 사랑한 나머지 동거를 반대한 나에 대해 불만을 토로했다. 마치 내가 두 사람의 인연을 막기라도 한 듯 말이다. 진심 어린 조언 따위 개나 줘버려야 한다는 생각을 했다. 나는 그 이후로 누구에게도 조언이나 충고의 뉘앙스를 풍기는 말을 쉽게 하지 않는다. 인간이 미워서가 아니다. 스스로에게 그런 때가 오기 전까지는 결코 조언을 받아들여 자신의 행동을 교정할 수 있는 힘이 인간에게는 없다는 것을 알고 있기 때문이다.

몇 달 후 그녀가 다시 찾아와 그와의 동거를 후회한다면서 어떻게 해야 하냐고 물었다. 나는 진심으로 해줄 말이 없다고 했다. 그런 타입의 남자를 선택했다는 것은 자신의 인생을 스스로 행복하게 할 때가 아직은 오지 않았다는 것을 의미하기에 더 혹독하게 자신을 보살피지 않은 죄에 대해 충분히 사죄를 해야 끝나는 시점이 오리라 본다. 타인을 위해 아낌없이 주는 행위 자체에 대해 그럴 용기도 없는 사람들이 감히 평가를 한다는 것은 어불성설이지만 그렇게 주기로 결정했으면 자신의 결정을 후회하지 말았어야 한다.

그래 인간이니까 후회할 수 있다고 치자. 한 번을 겪었으면 두 번은 겪지 말아야 하는 것이 맞다. 왜 타인을 위해 모든 걸 내어 줄 정도의 사랑을 가진 사람이 자기 자신에 대해서는 그렇게 냉혹한지 묻고 싶다. 그 남자를 사랑하는 것이 자신을 위한 길이었다고 말한다면 나는 이렇게 말해 주고 싶다.

"그 남자에게 할애할 시간에 자기 자신과 대화하는 시간을 가져 보시길. 진정으로 자신이 그것을 원하는지를."

사랑은 자기 가슴에 뚫린 빈 공간을 타인의 관심이나 애정으로 채우는 것이 아니다. 그 공간에 타인을 들여 놓는 대신, 자신에 대한 자존감과 애정이 서서히 차올라 그 공간을 메우고 차고 넘쳐흘러 타인에게 향해야 비로소 진정한 사랑이 성립되는 것이다. 타인으로 메워진 공간은 그 사람이 떠나 버리면 다시 텅 비어 버리지만 자신으로 채운 공간은 평생을 자신과 함께 한다. 그건 누구도 빼앗을 수 없는 진짜 자기 것이다. 그러니 사랑을 하더라도 빼앗길까 봐 전전긍긍하고 집착하지 않는 것이다. 자신 안에 이미 사랑은 존재하기 때문에.

✳ ✳ ✳

서로에게 연결된
인연의 끈

한 커플이 상담을 와서는 서로 다투기 시작했다. 궁합적으로 보자면 결혼에 적합한 조합은 아니었다. 결혼을 목표로 사람을 만나 사귀는 것만이 연애의 목적은 아닌 세상이 되었다. 사랑한다고 해서 반드시 결혼으로 귀결되는 것이 아니듯이 결혼에 적합한 궁합이라고 해서 두 사람이 반드시 사랑하는 것도 아니다. 이 두 사람은 죽일 듯 싸우는 것처럼 사랑도 열정적으로 할 궁합이었다. 그래서 결혼에 적절하지 않은 것이다. 어디 서로에게 열정적인 부부를 본 적이 있는가?

"두 사람은 서로 원진살이 있네요. 혹시 고슴도치 이야기

알아요? 추워서 가까이 가면 가시에 찔리고 아파서 떨어지면 다시 춥고. 두 사람의 관계가 딱 그거네요. 떨어지면 그립고 붙어 있으면 싸우는데 헤어지는 건 쉽지 않고."

"맞아요. 딱 그거예요."

남자가 먼저 맞장구를 쳤다. 이에 질세라 여자도 입을 열었다.

"미울 땐 정말 죽이고 싶을 정도로 미워요."

남자에게 눈을 흘기면서 말하는 의도가 무엇인지 너무 잘 알기에 피식 웃음이 나왔다.

"좋을 때는요?"

내가 묻자 남자가 냉큼 대답한다.

"다 주고 싶을 정도로 좋아요."

남자의 말에 여자가 누그러지는 눈치다.

"그게 원진살이에요."

"선생님 저희는 평생 이럴까요?"

"빈도나 강도는 줄어들겠지만 아주 없어지진 않죠. 두 분에게서 평화롭게 늙어 가는 노부부의 모습은 보기가 힘들 거예요. 방향 설정만 잘한다면 아주 열정적으로 사랑하는 커플은 될 수 있어요. 미움과 사랑 사이에서 줄다리기를 잘

하셔야 해요."

평생 이렇게 지내야 한다는 말에 두 사람의 표정이 어두워졌다. 사랑과 미움은 동전의 양면처럼 늘 붙어 다니는 친구다. 어찌 보면 그 미움 때문에 사랑할 때는 더 뜨겁게 사랑하는 것이 원진살이다. 그저 평화로운 상태에서는 사랑(열정적인 에로스적 사랑을 의미한다)의 강도는 약해질 수밖에 없는 것이 세상의 이치이다.

"저희 결혼하면 잘 살까요?"

여자가 물었다. 드디어 올 것이 왔구나 생각했다.

"솔직하게 말씀드릴게요. 두 분은 결혼하면 이혼할 궁합이에요."

여자는 걱정하는 눈치였고 남자는 그럴 거 같았다는 인정의 눈빛을 보였다.

"결혼은 열정이 없어야 잘 유지되는 속성이 있어요. 그런데 두 분의 관계는 열정이 없으면 지속되기 어려운 관계죠. 싸움을 자주 해서 싫으면 헤어지면 될 것을 왜 못 헤어질까요? 미움의 깊이만큼 사랑의 깊이도 깊어서 그래요. 이걸 잘만 극복한다면 두 분은 최고의 커플 아니 소울메이트가 될 가능성도 높아요. 결혼한다고 모든 관계가 그 뒤로 해피엔딩은 아닌 거 아시죠?"

"그러니까 결혼하기에는 안 좋은 궁합이란 말씀이신 거
죠?"

"네 솔직히 말씀드리면 그래요. 아 그런데 방법이 없는
건 아니에요."

여자가 눈이 커지면서 묻는다.

"뭔데요?"

나는 비장의 무기라도 꺼내는 양 조금 시간차를 두었다.

"주말부부를 하시면 돼요."

나는 세상 모든 부부에게 상황과 능력만 되면 주말부부
를 하라고 권하고 싶다. 관계를 오래 유지하는 데 있어 사
람사이의 거리가 얼마나 중요한지는 아무리 강조해도 지나
침이 없다.

우리나라 사람들이 결혼이라는 것에 대해 잘못된 생각을
가지고 있는 부분이 바로 '싸움을 해도 한 침대를 써라'라
는 '함께' 주의다. 싸우고 나서 한 공간에 있기도 힘든 판국
에 한 침대를 쓰라니. 나처럼 개인적 공간이 반드시 있어야
하는 사람에게는 저것이야말로 목을 조르는 감옥인 것이
다. 차라리 입에 재갈을 물려 온몸을 꽁꽁 묶은 채로 매달

아 놓는 것이 낫다고 생각한다. 사실상 세상 모든 부부에게 주말부부는 부부관계의 해결책일 수 있다.

두 사람이 나가고 밖에서 두 사람의 모습을 지켜보던 퇴마사 아가씨가 들어왔다. 명리 수업을 들으러 온 것이다.

"저 두 사람 궁합보러 왔어요? 어때요?"

물어보는 투가 심상치 않다.

"결혼하기에는 조금 힘들겠지만 두 사람 떨어지기 힘든 궁합이네요. 원진살이 강하지만 일지와 시지가 모두 합이고 천을귀인*끼리도 합이에요. 천간의 글자도 세 개가 같아요. 엄청 다른 성격이지만 그래서 더 끌리는데 또 그만큼 부딪히는 면도 많죠. 저 두 사람 헤어지기 힘들 거예요. 서로 각자 다른 사람 만나서 결혼해도 못 잊고 다시 만날 가능성이 높아요."

내 말에 동의한다는 표정이었다.

"저 두 사람 서로 연결되어 있더라고요. 두 사람 사이에 어떤 끈이 있어요."

나에게서 할머니의 모습이 보였다고 말을 해준 그 아가씨였다.

"어머나 그게 보였어요? 사실 저도 궁합 보면서 부부로서의 합은 약했지만 꽤나 인연이 질길 거란 확신이 들었는데 신기하네요."

"쉽게 끊어지지 않을 거예요. 저 두 사람. 분명 전생에서부터 인연이 깊었던 사이인 건 분명해 보여요."

사주에서 말하는 인연이 깊다는 것은 현생에서의 인연만을 보는 것이 아니기에 분명 두 사람은 전생 또는 전전생부터 이어진 인연으로 지금까지 온 것이 분명했다. 내가 사주에서 본 것을 그녀는 눈으로 확인할 수 있다는 점이 살짝 부럽기도 했지만, 그런 능력이 늘 좋은 것만을 보는 것은 아니니 차라리 안 보이는 게 속 편하다 싶기도 했다. 그녀의 말을 듣고 나니 두 남녀의 앞으로의 애정의 행로가 궁금해지기 시작했다.

* **천을귀인** 기본 의미는 '하늘의 은덕을 입는다'라는 뜻이다. 위기의 순간에는 사람의 목숨을 살려주기도 하며 고난을 겪게 하며 깨달음을 주기도 한다.

✻✻✻

그가 전생에
아버지였을 거 같다는 여자

   상담을 하다 보면 인간의 이성으로는 쉽게 이해할 수 없는 인연들을 만나게 된다. 기본적으로 현생에서 만나는 사람들은 전생에서 한 번쯤은 인연이 있었던 사람들일 가능성이 높다. 불교에는 '옷깃만 스쳐도 인연'이란 말이 있다. 요즘처럼 대중교통만 타더라도 옷깃 스치는 일이 다반사인 세상에는 다소 설득력이 떨어지는 말이지만 저 말 속의 옷깃이 실제 옷감끼리의 부딪힘이 아니라는 정도는 알고 있을 것이다.

   그 정도만도 인연이라는데 피를 나누거나 피보다 더한 정을 나눈 사이의 사람들은 도대체 어떤 인연이란 말일까?

상식적으로 오랜 시간에 걸쳐 깊은 관계를 맺은 사람들은 전생에 서로에게 도움이 되는 좋은 인연이었을 거라고 생각하기 쉽다. 너무나 사랑하거나 너무나 아껴서 이번 생에도 다시 만나 사랑하는 것이 아니냐고 여길 것이다. 충분히 그렇게 생각할 수 있다. 하지만 그렇지 않다는 주장이 더 설득력이 있다.

먹고사는 문제를 빼면 인간에게 가장 힘든 문제가 바로 '관계'의 문제다. 사회생활에서 부딪히는 사람들은 이해관계가 얽힌 사이니 너무나 당연하다. 그러나 물보다 진하다는 피를 나눈 부모나 형제지간 또는 별처럼 많은 사람들 가운데 눈이 맞아 사랑이라는 것을 하는 연인들 간에도 이 문제는 예외가 없다.

오히려 싫다는 감정만으로는 피하기 힘들거나 피해를 받으면서까지 유지해야 하는 관계라 더 힘들 수 있다는 것이 맹점이다. 이런 관계에서 발생하는 트러블은 마치 가속도가 붙어 원래 중량보다 몇 배 큰 충격을 유발하는 물체처럼 엄청난 심적 피폐함을 안겨 준다. 오죽하면 현생에서 가족이나 연인으로 만난 사람들은 전생에 원수지간이었다는 말까지 생겨났을까.

요즘은 부모자식도 틀어지면 안 보고 사는 세상이긴 하다. 딱 잘라 안 보겠다고 결심하고 그렇게 행동으로 옮기는 것도 축복일 수 있다. 얼마나 심플한 감정인가. 말처럼 심플하기만 하겠냐마는 감정이 단순할수록 행동은 깔끔해진다. 정말로 힘들고 짜증 나고 겁나는 점은 바로 여러 감정들이 뒤섞여 서로 번갈아 가면서 작용하기에 결단코 심플해질 수 없다는 사실이다. 보고 싶으면 만나면 되고 싫으면 헤어지면 될 것을, 보고 싶어서 만났는데 막상 보니 짜증이 난다든가 짜증이 나서 헤어졌는데 돌아서니 측은해지고 그리워지는 것이다. 어디로 튈지 모르는 메뚜기 한 마리가 심장 옆에 자리를 틀고 앉아 있는 형국이다.

자신을 불교신자라고 소개한 그녀는 한 남자와의 인연으로 상당히 골치를 앓는 듯했다. 불교에서 설파하는 업보에 대해서 모를 리가 없는 그녀였지만 한 사람과의 인연에 대해서는 다소 억울함을 성토했다. 사실 어떤 종교를 믿는다고 해서 그 종교의 교리대로 실천하는 것은 별개의 문제이긴 하다. 그 남자가 자신의 업보일 수도 있다고 생각하는 듯했다. 그래서 그 사람이 자신에게 준 상처를 자신이 전생에서 그에게 주었을 수도 있다고 믿었다. 사실 그렇게 생각하지 않으면 그녀는 견디기 힘들었을지도 모른다. 인지부조화를 해결하려는 심리였다.

두 사람의 인연은 10년 전으로 거슬러 올라간다. 그녀가 절에서 봉사활동을 하던 시절에 그 남자를 만났는데 마침 그때가 그 남자 부인의 49재 기간이었다고 한다. 첫 만남부터 참으로 특이한 인연이었다. 마치 아직 이승을 뜨지 못한 부인의 영혼이 홀로 남은 남편을 위해 보살펴 줄 사람을 찾아주고 간 것마냥 말이다. 그도 그럴 것이 그녀는 그 남자를 몇 년간 극진하게 보살폈다고 한다.

사실 그녀는 기혼자였지만 남편과는 별거 중이었기에 가능한 일이었다. 그녀는 자신이 호적상으로라도 유부녀인 것이 걸렸는지 자신의 마음을 내게 솔직하게 털어놓았다.

"남편하고의 부부관계는 끝난 지 오래예요. 지금은 아예 떨어져서 살고요."

하지만 그녀가 호적상 자유로운 처지가 아닌 것에 대해 그녀 자신도 자격지심을 느꼈을 것이고 그 남자 또한 불만을 품었을 것이다.

그와 인연이 닿아 있는 기간 동안 그가 그녀를 떠난 횟수는 총 4회 정도였다고 한다. 결혼을 한 적도 있다고 했다.

얼마 못 가서 파혼을 하긴 했지만. 그의 사주를 보니 한 여자와 오랜 관계를 맺기가 쉽지 않는 사주였다. 그녀가 기혼자라는 사실에 불만을 품었지만 사실 그런 상황 때문에 그녀와는 오히려 관계가 오래 지속될 수 있었다. 그걸 아는지 모르는지 그는 늘 그녀 탓을 하면서 관계를 먼저 정리하자고 했고 그렇게 떠난 뒤 얼마 되지 않아 다시 또 그녀를 찾아오는 수순을 밟았다.

"제가 남편과 정리하고 그 남자 곁에 있었다면 저를 떠나지 않았을까요?"

그를 모를 리 없는 그녀였지만 혹시나 하는 마음에 물어본 질문이었다.

"그 분의 사주만 놓고 이야기한다면, 그럴 가능성은 낮아 보여요. 어딘가에 진득하니 정착할 수 있는 분이 아닌 걸로 보입니다."

그녀는 예상했던 답이라는 듯 말을 이어 갔다.

"그렇죠? 저도 그렇게 생각해요. 자신이 그런 사람인 줄도 모르고 저를 원망하더라고요."

그 사람을 생각하니 한숨이 나오는 모양이었다.

"인간들은 자신을 제대로 파악하기 정말 쉽지 않아요. 상황이 안 좋아지면 일단 상대를 탓할 궁리만 찾죠. 정작 자신은 돌아보지 않는다니까요. 인간의 한계라면 한계죠. 그런 한계를 극복하라고 공부하고 깨달으라는 건데, 정작 필요한 공부는 안 하고 줄줄줄 외우기만 하는 공부나 하고 있으니."

어찌 보면 깨달음의 가능함도 타고 나는 것이 아닐까 싶다.

쌍방의 관계에서 한 사람의 이야기만으로 다른 사람을 평가하는 것은 형평성의 문제에서 논란이 있을 수 있지만, 기본적인 상식과 논리가 있는 사람의 입을 통해서 나온 말이라면 70퍼센트 이상은 맞다고 본다. 그 여자분은 상식과 논리를 갖춘 사람이었다. 자신의 처지에 대해 당당하지 못하다는 것도 인지하고 있었고 그런 관계였지만 그에게 최선을 다했다고 자부하고 있었다.

"호적상으론 아직 유부녀이니 저도 저의 행동을 떳떳하다고 말할 수는 없죠. 제가 남자를 만나고 싶어 환장한 여자도 아니고, 하필 그 남자와의 인연이 절에서 죽은 부인의 49재 기간에 일어난 것도 웃기지 않으세요?"

"그러게요. 누군가는 와이프를 추모해야 하는 기간에 딴 여자에게 마음이 흔들린 남자에 대해 욕할 수도 있겠지만, 남은 사람들은 어떻게든 자신들의 삶을 살아가야 하는 것이니까요. 저는 그 분의 부인이 두 사람을 연결해 줬을 가능성도 배제할 수는 없다고 봐요."

내 말이 사실이건 아니건 간에 결과적으로는 그런 셈이 되었다.

인연이란 것은 참으로 신비해서 나는 모든 가능성을 열어 두고 살피는 경향이 있다. 나의 생각에 그녀도 어느 정도 동조하는 눈치였다.

"저도 그 생각을 했어요. 누군가는 옆에서 보살펴야 할 사람이더라고요. 그게 하필 저라는 게 가끔 억울해요. 제가 어떻게 했는데…"

그녀 입장에서는 충분히 그렇게 생각할 수도 있겠다 싶었다. 그러나 그녀 또한 자신의 입장만 보고 있었다.

"결혼으로 맺어진 인연은 엄청난 것이더라고요. 애정이 있든 없든 지금 현재 그 사람과 부부생활을 하든 안 하든 어쨌든 중요한 인연이에요. 저는 인간 사회에서의 제도적 측면의 결혼을 말하는 건 아니에요. 결혼의 연은 남자와 여자 가문의 조상의 인연으로 맺어진 어찌 보면 태어나기 이

전에 맺어진 계약 같은 것이란 생각이 들어요."

명리학을 배우기 이전의 나는 인간이 만든 제도의 강제성에 부정적인 입장이었다. 오히려 명리학을 배우고서야 그 제도란 것들이 인간의 지적인 능력에서 나온 순수한 창작물이 아니란 것을 깨닫게 되었다.

"제가 아직 호적상으론 유부녀인 것도 이 사람과의 관계에 영향을 미친다는 건가요?"

자신의 상황은 이 남자의 변덕스러운 행동에 영향을 미치는 요인 중 하나가 아니길 바라는 마음이었나 보다. 자신의 마음은 누구보다도 남자에게 진심이었다는 그 여자분의 말을 의심하는 것은 아니다. 그 자체가 원인은 아니지만 자신의 그런 처지에 맞는 사람을 만난 것이란 의미였다.

"만일 본인이 싱글인 상태에서 그 남자를 만났다면 두 분의 관계가 지금까지 이어져 왔을지는 의문이긴 해요. 아마 그랬다면 두 분은 만나지도 않았을 거예요. 제가 볼 땐 남편과의 인연이 아직 끝나지 않았고, 아 물론 애정이 있든 없든 그거랑은 상관없이요. 확실하게 끝나지 않은 상태에서의 만남은 그만큼의 대가를 치르는 인연이더라고요."

그녀는 억울한 심정이 조금은 누그러진 듯했다.

"저는 제 마음만은 누구보다 그 사람에게 충실했다고 생각했는데 그것만으로는 안 되는 것도 있군요. 이렇게 보니 그 사람의 마음이 이해가 되기도 해요. 제가 원망스러웠을 수도 있겠다 싶네요."

"마음을 측정할 길이 없으니까요. 충실했다는 것은 순전히 주관적인 관점이거든요. 상대가 봤을 때는요."

이렇듯 상대의 입장에서 생각하려는 노력을 하지 않으면 우리는 절대 타인의 심정을 이해할 수 없다.

"근데 그 사람 나이도 있기 때문에 제가 그 남자를 남자로만 보고 만나는 건 아니에요."

그녀는 찬찬히 다시 이야기를 이어 나갔다.

"물론 인간적인 만남으로 변화되셨겠죠. 세월이 얼만데요."

그녀는 자신의 의도를 확실하게 드러내야 할 필요가 있다고 생각했는지 보다 구체적으로 설명하기 시작했다.

"그 사람 나이가 좀 많다 보니 이제 남녀관계는 불가능해요. 그런데도 저는 그 사람이 신경 쓰이고 궁금하고 챙겨주고 싶고 그렇다는 거예요."

갑자기 궁금해졌다. 남자 입장에서는 반대가 되면 만남

이 과연 지속 가능할지 말이다. 대부분의 남자들은 불가능 쪽에 줄을 서겠지만, 모든 남자가 '수저 들 힘만 있으면 여자 생각을 한다.'에 해당하는 경우의 수들은 아니지 않을까? 물론 여자들 중에서도 불가능 쪽에 줄을 서는 사람도 있을 것이기에 성별 대항 깃발 올리기는 그만하도록 하겠다.

"저는 그 남자가 전생에 아버지였을 거 같단 생각이 자주 들어요."

이 관계의 실마리가 조금은 풀리는 느낌이었다. 남자와 여자는 아버지와 어머니를 떼어 놓고는 설명할 수 없는 존재들이다. 자신의 실존에 대해 정당성을 부여하는 객체이자 반대 성별에 대해 형성하는 원형 역할을 하기 때문이다. 서양 심리학자 프로이트의 오이디푸스 콤플렉스나 엘렉트라 콤플렉스도 이러한 관계에서 조명된 이론이다.

한 사람이 이성을 선택할 때 이성으로서의 매력을 보는 것은 당연하지만 그 속내에는 남자는 여자에게 어머니로서의 역할을, 여자는 남자에게 아버지로서의 역할을 기대하고 바라는 심리가 숨겨져 있다. 자신의 애인이 한 명의 역할 노릇만 하는 것보다야 어쩔 땐 부모 같고 어쩔 땐 애인

같고 어쩔 땐 친구 같은 사람이 나은 것은 당연한 이치다. 같은 돈을 내고 성능이 다양한 물건을 고르게 되는 이치와 같은 것이다.

"그 남자분 다시 돌아올 것 같아요. 이건 사주의 흐름을 떠나서라도 그 분이 누구와 오랜 관계를 맺는 게 가능하신 분은 아니잖아요. 죽은 와이프 이후로 가장 길게 관계를 맺어 온 사람을 어떻게 떠나겠어요? 젊은 나이라면 가능하겠지만 나이 들수록 새로운 관계에 적응하는 것은 쉽지 않다고 보거든요."

모든 사람의 패턴이 같을 수는 없지만 늙어 가는 생명체의 일반적인 특징은 그러하다.

"저도 그럴 거 같긴 해요."

그녀는 내 말에 동의했고 자신의 억울함을 조금은 해소한 것 같다며 통화를 마쳤다.

＊ ＊ ＊

불면증에 시달리는 여자,
그의 곁에서 잠들다

그녀는 다소 슬픈 목소리를 지닌 여자였다. 조심스럽게 자신의 이야기를 풀어 나갔지만 감정이 격해질 때면 목소리의 떨림이 금방이라도 울음을 토해 낼 것처럼 불안해졌다. 여성스러움이 풍기는 말투의 중간중간에 자신의 소신을 굽히지 않겠다는 강한 어조를 섞어 넣음으로써 상대로 하여금 자신은 절대 호락호락한 여자가 아님을 각인시키는 듯했다. 그녀의 목소리의 고조와 호흡의 길이만으로도 그녀의 감정상태를 파악할 수 있는 사이가 되었다. 그도 그럴 것이 그녀와는 전화 통화만으로 몇 년의 인연을 이어왔기 때문이었다.

만나서는 안 되는 사람과의 인연으로 힘들어하던 그녀가 내게 전화를 한 것은 4년 전이었다. 자신이 어떤 인연으로 그 사람을 만나게 되었으며 과연 두 사람의 인연은 어디까지인지를 물었다.

"어디까지인지는 제가 신도 아닌데 어떻게 알겠어요. 다만 쉽게 끊길 거 같지는 않아 보여요."

남자의 사주에서 시간이 확실하지 않았기 때문에 드러난 정보만으로 산출해 낸 결과였다. 나로서는 최선의 답이었다.

스릴 있는 관계를 즐기는 사람들도 있지만 자신이 왜 힘든 인연에 연루되었는지 의문을 품는 사람들도 많다. 자신이 상대에게 끌리는 이유를 도저히 자신의 머리로는 이해할 수 없기 때문이다. 그만둬야 하는 여러 가지 이유가 있음에도 불구하고 자신의 통제력이 먹히지 않는 상황을 보면서 무기력과 자괴감을 느끼기도 했다. 머릿속으로는 이런 생각을 하면서 몸뚱이는 또 상대를 만나는 일이 반복되면 정신적으로 피폐해지기 마련이었다.

어떤 상황이든 정신과 육체가 일치감을 이루면 본인은 편하기 마련이다. 인지부조화를 느끼는 사람들은 그래 '이것은 필히 운명일 거야'를 외치면서 그 만남에 면죄부를 부여한다. 인간사회에서 바라보는 관점에서의 올바른 관계가 아니라고 해서 두 사람의 인연이 운명적이 아니라고는 말하지 못한다. 오히려 가족의 인연으로 얽히지 않는 관계에서 운명은 더 빛을 발하는 법이니까. 그러나 그 운명의 끝이 해피엔딩이라는 보장을 못 한다는 것이 맹점이긴 하다.

그녀처럼 자신의 운명과 처절히 싸우는 사람을 본 적이 없었다. 행복하지 않은 결혼생활이었고 스스로의 인생이 박복하다며 한탄했지만 그녀에게 다가온 뜻밖의 인연은 그녀를 마냥 설렘과 핑크빛의 세계로 이끌지 못했다. 애정 없는 남편과의 긴 결혼생활에서 숨을 돌릴 수 있는 사소한 해프닝으로 생각할 수도 있었을 텐데, 그러기엔 그녀는 매사에 너무나 심각하고 조심스러운 스타일이었다.

평생을 그렇게 자신을 드러내지 않고 숨죽이며 남편과 자식을 내조했다. 그러다 어느 순간 자신을 돌아보니 자신의 인생이 눈물겹게 한탄스러웠던 것이다. 그녀가 그와의 만남을 중단하고 다시 가족에게 전념하든 그를 만나 불꽃을 피우든 정답은 없다. 대신 난 이렇게 말했다.

"어디에 있든 자신이 보이는 삶을 선택하시길 바라요. 거기에 자기 자신이 살아 숨 쉬는 그런 삶이요. 굳이 사랑이 아니어도요."

　잘못된 인연이라고 해서 무조건 만나지 말라는 소리를 하는 사람들을 보면 이해가 안 된다. 그렇게 쉬웠으면 굳이 상담사를 왜 찾겠는가.

　그녀는 그와 정리했다는 말을 힘겹게 남기고 나와의 상담을 한동안 중단했다. 다시 빛이 들지 않는 응달에서 간신히 중력을 견디는 한 떨기 화초로 돌아간 것이다. 스스로 빛을 찾아 나가기엔 너무나 소극적이고 두려움이 많은 그녀였다. 응달에서 자란 식물은 응달이 편할 수도 있겠다 싶었다. 적당히 어둡고 축축해서 자신을 드러내는 것이 불편한 존재에게는 오히려 숨기 좋은 곳이란 생각도 들었다.

　그와 만나는 것 자체를 그녀 인생에서 쨍하고 볕들 날이라고 생각하지 않는다. 우리 인생에서 타인으로 인해 빛이 환하게 드는 날들은 길어야 몇 달이다. 다만 어떤 선택이든 맞서기보다는 더 큰 상처나 피해를 두려워하는 것이 너무 뻔히 보였다. 응달에서 어둠을 견디는 편이 빛이 환희 드러나는 곳에서의 정면승부보다는 편했던 것이다. 그녀에게 가장 필요한 것은 그 응달을 박차고 나올 용기였다.

　"왜 그 사람을 만나게 했을까요?"

그녀가 상담을 시작한 후로 계속해서 묻는 질문이었다.

"자신의 틀을 깨고 더 강해지라고 만나게 한 거 같아요. 그 사람 자체가 그걸 해주는 존재가 아니라 그 사람을 통해 스스로가 강해지는 법을 배우라는 뜻인 거 같은데요."

처음에는 내 말의 의미를 이해하지 못했다. 그 사람을 통해 자신이 느끼는 아픔에 매몰되어 그 누군가를 원망하기에 바빴다.

한 인간의 성숙도를 보는 나만의 잣대가 있다. 힘든 상황에 봉착했을 때 과연 누구 탓을 하느냐 하는 것이다. 타인의 탓부터 하는 사람들은 영혼이 아이 같은 자들이다. 그러다 자신의 탓으로 돌리면 어느 정도 성숙했다 본다. 가장 성숙한 인간의 모습은 누구의 탓도 아닌 인생의 흐름에서 맞이한 장애물로 그것을 보는 자들이다. 그 장애물이 자신을 성장시키는 존재라는 것을 깨닫는 사람은 극히 드물기는 하다. 자신을 변화시키지 않은 상태로 죽을 때까지 유지하기란 불가능하고 그래서도 안 된다고 생각한다.

어느 날 그녀는 몇 년에 걸친 질문 '왜 그 사람을 만나게 했을까요?'에 대한 답을 찾은 듯 내게 말했다.

"처음에는 선생님의 대답이 정말 이해가 안 됐어요. 저를 강하게 하기 위해 그 사람을 만나게 했을 거라는 말이요.
이제는 조금 알 거 같아요. 제가 아주 강해지진 않았지만
그 경험을 통해 조금은 깨닫고 느낀 게 있어요."

물기만 흥건했던 그녀의 마음에 얇지만 단단한 껍질이
생긴 느낌을 받았다.

몇 달 만에 다시 그녀와 통화를 했다. 그와는 여전히 헤어
진 상태라고 했다. 다만 아직도 서로의 SNS를 살펴보며 생
활을 궁금해한다고 했다. 역시나 그랬다. 눈에서 멀어지면
마음도 멀어지는 관계가 있는가 하면 눈에서 멀어져도 마
음은 여전히 서로를 원하는 관계도 있다. 안 보면 언젠가는
서로 멀어지겠지만 전생으로부터 연결된 인연은 단순한 시
각적 감각이 차단된다고 해서 그 끌어당김이 끊어지지는
않는다.

오히려 더 팽팽해지는 경우도 있다. 그녀는 다소 침착한
목소리로 이렇게 말했다.

"제가 잠을 거의 자지 못하는 불면증 환자거든요. 그런데
그 사람 옆에서 잠을 너무나 곤히 잤던 기억이 나요. 그런
경험이 처음이라서 놀랐어요. 제 영혼은 그 사람 곁이 좋았
었나 봐요."

나에겐 그녀의 그 말이 참으로 아프게 들렸다. 그녀의 영혼이 그의 곁에서 잠시나마 위로를 받았던 시간이 있었나 보다. 아마 그녀의 영혼 전체가 아니라 일부분이었을 테지만 말이다.

　그럼에도 그녀의 결심은 단호했다.

　"안 만나려고 노력할 거예요. 그 사람을 만나면 제가 다치고 아플 게 뻔하거든요."

　내가 만나라 마라 할 문제는 아니었지만 힘들어하는 그녀를 위해 한마디 해주었다.

　"운명은 인간의 의지보다 힘이 세요. 만나서 풀어야 할 인연이면 언제든 다시 만나게 될 거예요."

　그녀는 아주 힘겹게 가슴으로부터 올라오는 말을 입 밖으로 내뱉으며 내 입을 막았다.

　"선생님, 그러기엔 제가 너무나 늙었어요. 제겐 감당할 힘이 없어요."

　늙음은 어디에서 오는 것인가. 그녀의 나이에서 오는 것인가 마음에서 오는 것인가. 그녀는 젊었을 때도 늙어 있었다. 사주에 화기운이 하나도 없었다. 화는 심장이 팔딱거리는 기운이며 젊음과 열정의 상징이다. 그녀는 태어나면서

부터 늙은 여자였다. 동시에 겁이 많은 어린 소녀였다. 늙음과 어림은 서로 이웃하고 있다. 그래서 사람은 늙으면 애가 된다고 하는 말이 있나 보다.

나는 그녀가 스스로를 늙음의 울타리에 가두지 않았으면 하는 마음이었다. 응달에서 외롭게 피고 지는 화초로 남은 인생을 보내지 말았으면 했다. 그러나 내 바람과는 별개로 그녀는 그녀의 인생을 살게 되겠지. 위험하지만 가슴 뛰는 모험보다는 우울한 안정을 택하는 것도 그녀의 인생인 것이다. 그녀의 대운을 보면 분명 그녀는 변할 것이고 그 전조로 이런 경험을 하게 한 것이란 걸 깨닫게 되는 시점이 올 것이라 확신한다.

그녀와 그의 인연은 아직 끝나지 않았다. 그것이 반드시 두 사람이 만나서 실제적인 인연을 만들어 나간다는 것을 의미하지는 않는다. 서로가 서로에게 끌리는 감정이 남아 있는 한 어떤 식으로든 두 사람의 인연은 지속될 것이라는 쪽에 가깝겠다. 이번 생에서 이루어지지 못한 것이 서로에게 아쉬움으로 남는다면 다음 생에라도 두 영혼은 서로를 향해 열릴 것이다.

하지만 다음 생에 두 사람이 만나는 모습이 반드시 아름다운 연인으로 만난다는 보장은 없다. 서로에게 충실하고 진심으로 서로를 위하는 마음으로 인연이 맺어질 때만이 두 사람의 인연은 끝이 난다고 생각한다. 인연이 생을 거듭하면서 반복이 된다는 것은 그만큼 서로에게 갚을 것이 많다는 것일 테고 그만큼 감정의 앙금도 많은 상태여서 그럴 것이라는 생각이다.

인간이 느끼는 사랑이라는 감정을 너무 미화시키는 것에 반대한다. 물론 자기희생적인 아가페적 사랑은 별개다. 우리가 흔히 쓰는 남녀 간의 사랑이라는 것을 '이런 것이 사랑이다'라고 정의하는 행위야말로 인간의 감정을 하찮게 여기는 언어적 폭력이다. 사랑은 미움과 질투라는 어두운 얼굴의 또 다른 이름일 수 있다. 그래서 감정의 간극이 클수록 더 사랑한다고 느끼는 것이다.

인간의 대부분은 감정에 끌려 행위를 유발하는 자들이다. 그러기에 감정을 이용해 사람을 긍정적인 방향으로 이끌기도 하고 부정적인 방향으로 이끌기도 한다. 그것이 틀린 길이라도 감정은 가려고 하는 경우가 많다. 감정이 이끄는 길은 다 겪고 나서 깨닫는 길이다. 사실 그것만큼 확실한 공부도 없다. 그러니 전생의 인연들이 대부분 감정적인 엮임으로 오는 것이다. 계산기 두들겨서 빚을 갚으라는 의미가 아니라 겪을 것을 다 겪고 아플 거 다 아프면서 그렇게 빚을 갚으라는 의미가 아닐까 싶다. 그러니 감정을 조절하고 이성을 쓰도록 해라라는 뻔한 소리는 안 하는 편이 낫겠다.

결국 서로 끌리는 감정으로 만나더라도 서로의 모습을 비출 수 있는 거울이 되어 주지 못하는 남녀는 사랑이 주는 교훈을 얻을 수 없다. 폭풍 같은 사랑을 하기 위해 만난 것이 아니라 그런 만남을 통해 서로를 그리고 스스로를 어떻게 변화시켜 나갈지를 생각하도록 하는 것이 사랑의 의미나 가치가 아닐까. 관계의 완성을 꿈꾸는 사랑 말고 나를 변화시키는 사랑을 꿈꿔 보는 것은 어떨지.

✳ ✳ ✳

지독한 사랑도
정신병의 일종

　사랑의 슬픔으로 삶의 목표를 상실한 청년이 있었다. 아직도 이렇게 사랑에 목숨을 건 듯 열정에 포효하는 사람이 있구나 싶었다. 여친은 너무나 순종적이고 지극 정성으로 남자를 보살피는 성격이었다고 한다. 그러다 보니 남자 입장에서는 사랑을 받는 것이 당연한 이치가 되어 버렸고 어느 날부터 그녀를 무시하는 마음이 들기 시작했고 그러다 싸움이 잦아지고 마침내 여친이 폭발하게 돼서 헤어짐을 겪은 상황이었다.

　설마 그녀가 자신을 떠날 줄은 상상도 못 했다고 한다. 그녀의 변심이 당황스러웠고, 당황스러움에 대한 반발력으로 그녀에 대한 애정이 증폭되는 물리적인 과정이었다. 그러나 그에게는 이러한 감정이 자기 인생을 다 버려도 좋을 만한 일생일대의 '사랑'으로 다가왔다. 어째서 그 순간에는 모르다가 놓치면 알게 되는 것이 '사랑'인 것인가. 그러니 사랑이란 것이 허상이라는 주장도 충분히 일리가 있는 것이다.

그는 정신이 반쯤 나간 사람처럼 타로를 보는 곳마다 다니면서 그녀와의 재회가 가능한지를 물었다. 그러다 나에게까지 왔다. 멀끔하게 생긴 젊은 남자가 빼꼼 문을 열고 물었다.

"타로 봐주시나요?"

젊은 남자가 타로를 보러 오는 경우는 그리 흔치는 않은 일이라 호기심이 발동했다.

"타로도 타로지만 먼저 두 사람이 어떤 인연인지 알려면 사주를 보는 것이 좋아요."

그녀는 남자를 숨 막히게 하는 사주였고 사실 그가 그녀를 만나면 자신의 기가 다 빨리는 형국이었지만 그것을 다 알고도 주체할 수 없는 감정에 그녀를 바라고 있는 것이었다. 자신이 죽을 것을 알고 달려드는 불나방 같았다.

그는 작은 나무였고 그녀는 흙이었다. 나무는 흙에 뿌리는 내리는 게 상식이지만 흙이 너무 강하면 오히려 나무가 흙에 묻혀 버린다. 그가 그녀를 만나면 자신의 에너지가 그녀의 에너지에 의해 흡수되어 고갈되는 궁합이었다. 그를 위해서라면 그녀와 헤어지는 게 맞았다. 그는 내가 말하기 전에 이미 그 사실을 알고 있었다.

"엄마가 어디서 궁합을 봤는데 제가 그녀를 만나면 일찍 죽는다는 얘길 들었나 봐요. 그래서 반대를 하셨죠."

자식을 둔 엄마로서 그의 어머니 입장을 충분히 이해하고도 남았다. 하지만 어디 자식이란 것들이 부모의 마음을 헤아리는 자들이었던가. 나 또한 그 길을 걸었을 테고.

"제가 그녀를 만나면 일찍 죽을 수도 있다는 게 사실인가요?"

아… 답을 참 잘해야 하는 질문이다. 가급적 명리적 이론에 근거하되 감정적인 파급을 일으키지 않는 답을 해야 했다. 신이 아닌 한 수명에 대한 언급을 한다는 것은 참으로 난감하고 조심스러운 일임에는 틀림없다. 그러나 설령 그 말이 사실일지라도 그런 거에 신경 쓰지 않겠다는 의지로 똘똘 뭉쳐 있는 상태라는 것은 딱 봐도 알 수 있었기에 그다지 부담은 없었다.

"솔직하게 말해서 그녀가 가지고 있는 에너지가 XX씨에게 그다지 좋은 영향을 끼칠 거 같진 않아요. 사람이 가지고 있는 에너지가 서로 상생하는 경우도 있지만 한쪽이 다른 쪽에게 좋지 않은 영향을 끼치는 사람들도 있어요. 그런 사람들은 결혼을 한다 해도 이혼하거나 그나마 떨어져 살아야 결혼생활을 유지할 수 있어요."

이런 대답이 그에게 설득력을 가질 리 만무했다. 오직 지금 당장 그녀를 보는 것 이외에는 이 세상 무엇도 관심이 없었다.

"저는 그런 거 상관없어요. 당장 지금도 죽을 거 같아요. 이렇게 보지 못하는 상태로 죽을 것처럼 사느니 차라리 그녀랑 살면서 행복하게 죽고 싶네요."

심장이 왜 화(불)의 기운인지 알 것 같은 대목이었다. 일단 누군가에게 열정이란 것이 발동하면 활활 타오르며 송두리째 자신을 태워야 하는 숙명을 지닌 장기였다. 그의 심장은 지금 당장이라도 터져 버릴 것 같았다.

"멋진 말이네요. 행복감 없이 숨만을 연장한다고 해서 살아 있는 것은 아니라고 생각해요, 저도. 다만 지금의 감정이 늘 내 것인 줄 알았던 것이 어느 날 사라지면서 생기는 일종의 금단현상 같은 것이 아닐까 싶은 거죠. XX씨 상태를 보세요. 이런 말 미안하지만 미친놈 같잖아요. 일도 제대로 안 하고 매일 타로나 보러 다니고."

젊은 시절 불같이 솟구치는 열정에 몸살을 앓아 본 사람이라면 그를 충분히 이해하고도 남을 것이다. 그러나 이해함과 동시에 그 감정은 사랑과는 별개인, 자신의 에너지를 주체하지 못하는 통제 불능 상태라는 것도 알아야 한다. 그녀의 부재가 문제가 아니라 그 자신의 문제라는 것을 인식하는 것이 중요했다.

"지금 내 말이 아무런 효과가 없을 거란 거 알아요. 나중에 정신 차릴 때는 이미 늦어 있을 수도 있고요. 하지만 그 사람이 다시 돌아온다고 해도 사람 사이의 관계는 늘 반복되게 마련이에요. 처음에야 돌아와 준 게 고맙고 소중해서 잘 지내고 더없이 행복하겠지만 시간이 지나면 또 지루해지고 권태로워지고 할 테니까요. 그러면 또 전처럼 싸우는 과정이 반복되겠죠. 지금은 죽을 거 같은 사람이 왜 그때는 그렇게 한없이 하잘것없이 보였을까요? 허상을 보고 있는 거예요. 일종의 정신착란 현상인거죠. 그거는 알고 계셔야 해요."

내 말이 귀에 들어올 리가 없었다. 하지만 그녀의 생각으로 온통 머릿속이 꽉 찬 남자에게 내가 해줄 수 있는 말이 달리 뭐가 있겠나 싶었다.

"그냥 죽을 거 같다는 생각만 들어요. 세상에 어떤 것도 의미가 없어요."

그는 이 말을 수도 없이 반복했다. 그와 나는 각자의 소리로 늘 같은 말을 반복하고 있었다. 그도 내 말을 듣지 않았고 나 또한 그의 말에 어떤 답을 주지 못한다는 것을 알고 있었다. 그저 그 시간을 다른 무언가로 채우지 않으면 그녀의 부재로 인한 공허감이 그를 활활 태워 재로 만들어 버릴 수도 있었기에 최악의 상황만을 피하고 싶었다. 이야기를 나누는 동안만이라도 나의 이성이 그의 심장에 싸대기를 날려 정신을 조금이라도 차리도록 하는 수밖에 없었다.

하지만 나와 대화를 나눌수록 그녀와의 추억을 소환하게 되고 그 기억은 실제보다 몇 배로 뻥튀기된 슬프고도 아름다운 사랑의 한 구절이 되어 버렸다. 그것이 빠져나가 버린 가슴의 빈 공간에서는 그녀를 향한 울부짖음이 메아리가 되어 돌아왔다. 헤어짐의 인사를 하고 떠날 때쯤에는 그녀가 그의 가슴에 잔뜩 박혀 있어 그녀를 안고 끙끙 밤을 새

워야 하는 고통이 기다리고 있었다. 악순환이었다. 하지만 그 박힌 것을 빼내면 그는 완전히 무너져 내릴 것만 같았다. 아프더라도 안고 가야할 고통이었다.

성격이 진득하고 마음이 충성스러운 사람은 쉽게 변하지 않는다. 그 사람들은 관계를 유지할 때 최선을 다하고 자신의 에너지를 전부 쏟아붓는다. 그러니 상대들은 그 사람들이 언제까지 그럴 거라는 착각을 하게 되고 결국 늘 그 자리에 있을 거 같은 사람에게는 마음이나 행동이 소홀해진다. 그런 소홀함이 불만과 서운함으로 쌓이면 어느 순간에 폭발해 버리고 마는 사람들도 이런 사람들이다.

자신이 할 만큼 했다고 스스로 자부하는 사람들은 돌아설 때도 미련이 없는 법이다. 오히려 상대는 당황스럽다. 늘 그 자리에 있을 거라 생각했던 사람이 자신을 떠나 버렸으니 어떤 예상도 못 한 처지에 봉착해 버리게 되어 어쩔 줄을 몰라 한다. 놀이동산에 데려갔던 엄마가 자신의 손을 놓아 버린 느낌을 받는다. 불안감이 엄습하고 엄마의 존재가 자신에게 얼마나 소중했는지 그때서야 깨닫게 된다. 당연한 것이라 여겼던 것을 빼앗길 때의 상실감이란 영혼을 전복시킬 만큼 큰 충격으로 다가온다.

그렇다고 그녀가 그에게 한 행동은 옳기만 했을까? 그녀는 그에 비해 상대적 약자였다. 그래서 그에게 자신의 최선을 다해 잘해 줬을 것이다. 자신에게 상대가 의지하도록 만드는 사람을 별로 좋아하지 않는다. 그 사람 곁에 평생 머물 자신이 없으면 상대의 공간을 너무 점유하지 않도록 해야 한다. 모든 생명체는 자신만의 권력을 사용한다는 이론이 있다. 그중 약자의 권력에 해당하는 것이 재미있다. 자신이 휘두를 만한 외부적 권력이 없을 경우 상대로 하여금 자신에게 의지하도록 지극정성으로 곁에서 보살핀다고 한다. 그렇게 되면 자신이 떠났을 때 상대는 혼자서는 아무것도 못 하게 되어 버리는 것이다.

거기에서 갈림길이 생긴다. 그대로 좌절할 것인가 극복하고 새롭게 태어날 것인가. 사랑의 모습으로 오든 가족의 모습으로 오든 성공의 모습으로 오든, 자신에게 오는 모든 것에는 시험이 숨겨져 있다고 봐야 하는 게 인생이다. 결코 그냥 주어지는 것이 없다. 너무나 당연하게 사랑을 주었던 연인에 대한 감사함 없이 일상이 되어 버린 남녀에게 무슨 미래가 있을 수 있을까. 그는 성공도 사랑도 너무 이른 나이에 성취했다고 여겨 버린 것이 큰 잘못이었다. 바닥부터 다시 시작하라는 계시라고 생각한다.

타로로 보는 그녀와 그의 인연은 아직은 연결되어 있는 듯했다. 하기야 너무 자주 보다 보니 타로의 신도 헷갈렸을 수도 있겠다 싶다. 또는 그의 간절한 마음이 너무 깊다 보니 그의 에너지가 타로에 영향을 주나 싶은 생각도 들긴 했다. 같이 키우던 강아지가 있어서 그녀와는 가끔씩 연락을 하고 있었다. 그러니 둘 사이에 인연이 완전히 단절되었다고 보기는 힘들다.

몇 달간을 사랑을 잃고 처절하게 몸부림치는 젊은이가 어떻게 망가져 가는지를 다큐로 보았다. 그 많은 만남에도 불구하고 레퍼토리는 늘 같았다. 그가 내게 상담을 받았던 시간에 비해 쓸 이야기가 많지 않은 것도 그 이유다. 그는 조금씩 겸손해져 갔고 자신을 반성하기 시작했다. 그것은 좋은 변화였다. 하지만 그녀의 부재가 주는 상실감을 다스릴 만한 통제력은 부족했다. 너무나 맘고생을 한 나머지 수기가 바짝 말라 버린 나무처럼 앙상해져 갔다.

흔히들 사랑을 하게 되면 스스로가 상대에게 마음을 열고 받아들이려는 능동성에 대해서만 생각하게 된다. 본인도 모르는 사이에 상대가 자신의 마음과 일상에 침투하는 것에 대해서는 간과하기 쉽다. 시간이 흐르면서 상대가 점유한 공간이 점점 커지게 되는데 거기서 문제가 발생한다. 사랑하는 것과 자신의 공간을 상대가 점유하도록 내버려두는 것은 다른 문제라고 생각한다. 점유한 공간이 클수록 그 사람이 떠났을 때의 빈 공간의 울림도 큰 법이니까.

✹ ✹ ✹

A의
이야기-2

✹ 그녀의 외할머니는 무당이었다

"선생님, 저번에 저희 엄마 보셨잖아요? 사실은 친엄마가
아니에요. 저 어릴 때 입양됐어요."

며칠 전 그녀의 어머니와 인사를 한 적이 있었다. 딸 걱
정에 눈물을 보일 정도로 애정이 각별하다 느꼈는데 친엄
마가 아니란다. 이럴 땐 어떤 리액션을 취해야 하는지 감이
잡히지 않았다. '입양'이란 단어를 드라마나 영화가 아닌 실
제상황에서 들어보기는 처음이라 당황스러웠다.

그런 나의 심정을 파악했는지 그녀는 차분히 말을 이어

갔다.

"저희 외할머니가 대단한 무당이었대요. 지금 같이 사는 외할머니는 거기 손님이었고요. 근데 저를 입양한 엄마가 아이를 가질 수 없는 사람이었나 봐요. 그런 문제를 상의하러 갔나 보더라고요. 그런데 친엄마가 혼자서 저를 키우고 있었나 봐요. 아마 미혼모였던 거 같아요. 여자 혼자서 아이 키우면 그 아이 팔자도 꼬일까 봐, 그리고 마침 그 집은 돈도 많은 집이어서 서로 뜻이 통했는지 저를 데려다 키운 거죠."

저리 담담하게 말하기까지 그녀의 심장에는 몇 번의 딱지가 앉았을까.

"언제 알았어요, 입양된 거?"

키워 준 부모가 자신을 낳아 준 친부모가 아니란 사실을 알았을 때의 충격이 얼마나 컸을까 걱정이 되어 물었다.

"중학교 때요. 집이 망하면서 자연스럽게 알게 됐어요. 별로 충격받지 않았어요. 집이 망한 게 너무 충격이 커서. 하하하"

그녀가 타인에게 힘든 내색하는 걸 싫어하는 성격인 걸 이미 알고 있었다. 그런 점이 나와 비슷해서 친해진 것도 분명 있었다.

인생의 쓴 맛을 일찍 경험해 본 사람들은 힘들다 징징거려도 어디선가 마징가나 독수리 오형제가 나타나 도와주지 않는다는 걸 알고 있다. 그래서 웬만해서는 자신의 고통을 이야기하지 않는다. 이야기 해봤자 그저 허공에 흩어질 말들이란 걸 알기에. 그럼에도 처지가 비슷한 사이에서는 모스부호처럼 통하는 것이 있기에 허공에 흩어질 걸 뻔히 알면서도 소통하는 것이다. 그 고통은 온전히 자신이 감싸 안고 인당수에 빠지든 가시밭길에 데굴데굴 구르든 해야 하는 누구도 뺏어 갈 수 없는 '자기소유'의 것이기 때문이다.

"잘 먹고 잘 살라고 부잣집에 입양 보냈다는데 얼마 못 가 집이 망해 버렸으니 무당이라고 다 아는 것도 아니더라고요."

그녀의 친외할머니를 두고 하는 말이었다.

"팔자라는 것이 다른 집의 자식으로 간다고 변하는 건 아닌가 봐요."

"어쩌면 A씨는 태어나길 입양 갈 팔자로 태어났을 수도 있죠."

나의 말에 그녀는 눈과 입을 동그랗게 만들며 발상이 신선하다는 반응을 보였다.

"어머 그러네요. 참 사람이라는 게 어떻게 생각하느냐가 정말 중요한 것 같아요. 근데 그런 것도 사주를 보면 알 수 있어요?"

"글쎄요, A씨의 사주에 유독 재성*이 많고 상대적으로 인성*이 약해서 어머니의 기운이 약한 건 맞는데 그렇다고 입양될 운명이란 걸 사실 사주만 보고 아는 건 조금 무리예요. 몇 초의 차이로 태어난 쌍둥이도 다른 삶을 살아요. 아주 작은 디테일까지도 사주를 보고 알 수 있다 생각하는 건 오산이에요."

"아 그러네요. 만약 그렇게 사주를 보고 알 수 있다면 저랑 같은 사주를 가진 사람들은 다 입양됐게요, 하하"

그녀는 호탕하게 웃었다.

"고거이 뽀인트죠!"

나도 따라 웃었다. 말이 통하는 사람과의 대화는 늘 즐거운 법이다. 한 사람이 가진 기본적인 성향과 운의 방향, 그리고 그 운이 가진 힘의 강쇠나 운의 흐름을 읽는 것은 가능하지만 마치 TV를 보듯이 한 사람의 일거수일투족을 맞출 수 있다고 생각하는 것은 너무 순진하다 못해 바보 같은 생각이다.

우주의 큰 법칙을 인간의 지적 능력으로 일부분 파악한 것이 사주 명리학이다. 인간은 절대로 우주의 법칙을 전체로써 꿰뚫지 못한다. 그러니 사주를 통해 미래를 예측하는 것이 중요한 것이 아니라 자신을 이해하고 인생 방향을 어떻게 설정할지에 참고하는 것이 최선인 것이다. 설령 예측한다고 해서 큰 흐름을 바꾸거나 큰 장애물을 피해 갈 수 있다고 생각하는 것은 오산이다.

"제가 공황장애랑 우울증 때문에 자살 시도한 거 말씀드렸잖아요. 그때 친외할머니 찾아갔었는데요, 우시면서 잘 살라고 보냈더니 왜 그러냐면서... 남편보고 막 화냈어요. 왜 두 여자를 힘들게 하냐면서요. 그러면서 엄마 팔자 닮을까 봐 보냈더니 그런다면서... 아마 친엄마도 가정 있는 남자를 만났었나 봐요."

개인적으로 딸은 엄마 팔자를 닮는다는 말에 상당한 거부감을 가지고 있다. 그런 사람도 있고 아닌 사람도 있는 것이다. 부모의 카르마가 자식에게 전달되는 경우가 있다는 것은 알고 있지만, 일부를 전체인 양 부풀리는 일반화의 오류에 빠지는 것은 경계해야 한다.

"그렇다고 엄마와 본인을 너무 동일시하지 않았으면 좋

겠어요. A씨는 자신의 아이들을 지킬 수 있는 힘은 있잖아요. 그것부터 엄마랑 다르니까요."

"그렇게 말씀해 주셔서 너무 감사해요 선생님. 시작은 비슷했는지 모르지만 저는 분명 엄마와는 다른 인생을 살고 있는 거 맞아요. 저는 무슨 일이 벌어져도 제 아이들을 지킬 거예요."

그녀는 어린 나이에 가진 것 없는 첫 번째 남편과 결혼하고 딸 하나를 낳았다. 이혼할 당시 힘든 시기였지만 자신이 딸아이를 키우기로 다짐했고 남편으로부터는 위자료와 양육비도 제대로 받지 못했다고 한다.

설상가상으로 친정 부모님조차 경제적으로 어려운 상황이라 본인이 가장 역할을 맡아야 했다. 악착같이 돈을 벌자고 이를 악물었고 인생 최대의 관심사는 돈이었다고 한다. 남편을 만날 당시 돈을 꽤 많이 벌었는데 그 돈을 남편이 하는 사업에 투자를 하게 되면서 쉽게 벗어날 수 없는 인연이 시작되었다. 물론 두 사람 사이를 이어 주는 것은 아들의 존재가 크겠지만 말이다.

그렇게 시작된 인연은 남편의 두 집 살림에 의해서 그녀에게는 지옥이 되었다.

"그 무렵 공황장애와 우울증이 완전 최고를 찍을 때였거든요. 도저히 병원에서의 처방으로는 효과가 없었어요. 저 눌림굿도 그때 받았어요."

대충 뉘앙스로 어떤 식의 굿이었는지 알 수 있었다. 신기가 올라오는 것을 누른다는 의미의 굿인 듯했다.

"굿의 효과는요?"

나의 의도를 파악한 듯 그녀는 뻔한 걸 왜 물어보냐는 식의 표정이었다.

"굿으로 운명을 바꿀 수 없는 거 누구보다도 잘 아시는 분이잖아요."

나는 피식 웃었다.

"좀 잔인하지만, 확인사살? 하하하."

인간은 설마 하면서도 절박한 상황이 오면 일말의 가능성에 운명을 거는 아주 나약한 존재인 듯하다. 마치 자신이 우주의 온 에너지를 끌어다 쓰기라도 할 것처럼 말이다. 늘 궁금했다. 과연 그런 행동은 무지에서 비롯된 것일까 자만에서 비롯된 것일까.

✳ 결국 무당이 되었다

남편과 하는 일이 바빠지면서 그녀와의 연락은 점점 소원해져 갔다. 늘 그렇듯이 한때 가깝게 지냈던 사람들의 연락이 뜸해질 때면 난 그저 그들이 평안히 잘 지내길 바라는 마음으로 멀리서 지켜본다. 엄밀히 말하면 타인과의 목적 없는 지속적인 연락은 나에겐 스트레스다. 상대에게 원하는 것이 있어야 연락을 한다는 의미와는 다른 것이다. 각자의 사생활을 존중하는 측면에서는 적당한 거리감이 지켜져야 한다는 주의이기 때문이다. 목적 없이 상대를 만난다는 사람들도 자신의 이야기를 들어 줄 상대를 찾는 게 목적 아니던가 말이다.

이런 나의 성격을 다소 차갑다고 생각하는 사람들도 분명히 존재하지만 그녀는 나보다 더한 사람이었다. 하지만 몇 달 만에 소식을 전한다 해도 그녀와 나 사이에 흐르는 인연의 점도는 절대 묽어지지 않았다. 누군가와 연락이 뜸해지면 인연이 끊길까 봐 조마조마 하던 기억이 난다. 이제야 생각하니 그런 인연은 오래갈 인연이 아니었던 것이다.

"저 내림굿 받았어요."

그녀에게서 몇 달 만에 연락이 왔다. 조금 당황스럽긴 했다. 그녀가 정신적으로 힘든 상황인 것은 알고 있었지만 과연 그녀가 무당을 할 만큼의 강한 신통력을 가지고 있었는지는 의문이었다. 무엇보다 왜 내림굿을 받았을까가 궁금했지만, 묻지 않았다. 상대가 판단해서 결정 내리고 이미 실행에 옮겨 버린 사안에 대해 내가 뭐라고 가타부타 따지느냐 이거다.

그래도 그녀에게 감사한 것은 나의 명리학 제자다운 모습을 보였다는 점이다.

"저는 굿도 안 하고 부적도 웬만하면 안 써줘요. 그런 것들이 효과가 그다지 없다는 것을 알고 있기도 하고, 제가 모시는 분이 그러세요. 그런 푼돈 챙기려고 사람들한테 거짓말하지 말라고요."

그녀처럼 대범하고 쿨한 신이었다. 그렇기에 그녀의 몸을 빌려 자신을 드러낼 테지. 그녀는 신의 말도 듣지만 명리적인 해석도 참고한다고 했다.

"역시 멋진 여자한테 멋진 신이 오셨네요."

깨끗한 것을 담으려면 일단 그릇부터 깨끗이 닦아야 한다. 그릇이 더러우면 아무리 깨끗한 것을 담아도 더러워지기 때문이다.

"선생님 덕분이에요. 선생님 안 만났으면 저는 아마 돈 많이 벌려고 사기도 쳤을 거예요. 그 정도로 돈에 미쳐 있었어요."

참으로 솔직한 그녀가 나는 예뻤다.

"저를 만난 모든 사람이 A씨 같진 않죠. 그건 당신의 역량이에요. 저를 통해 깨어났을 뿐이지."

아무리 뛰어난 사람이라도 타인을 전혀 새로운 사람으로 탈바꿈시킬 수 있는 능력을 가진 사람은 없다.

그녀는 전생의 카르마를 소멸하는 과정 중 하나로 무당의 길을 가야 하는 운명이라는 생각이 강하게 들었다. 천직으로 여기기보다는 업장 소멸을 위해 몇 년간의 수행길을 가고 그다음에는 다시 사업가의 길을 가지 않을까 싶다. 그녀는 가끔씩 전화로 내게 명리학 공부를 물어 오곤 한다. 역시 전직 무당 언니가 내게 해준 말처럼 그녀 역시도 귀신보다는 명리학이 믿음이 간다고 했다.

한 인간의 행동에 대해 사람마다 다른 해석을 내리는 경우가 많다. 흔히들 바라보는 자의 시선이 중요하다고 한다. 단순한 행동도 이럴진대 수많은 영가가 한 사람에 대해 내리는 판단도 크게 다르지 않다고 본다. 도덕적 잣대가 바른 영가는 그에 맞는 판단을 할 거고 돈에 눈먼 영가는 이익에 편승한 판단을 할 것이다. 그러니 자신이 모시는 신의 존재가 있다 하더라도 더 큰 흐름을 볼 수 있는 명리학에 근거하는 것이 지혜로운 것이다.

* **재성** 현실에서 무언가를 얻고자 하는 욕망을 일컫는다. 남자에겐 여자를 의미하기도 하고 남녀 모두에게 돈을 의미한다. 아버지를 의미하기도 한다. 인성을 극하는 기운이다.

* **인성** 말과 행동을 조절하는 능력이다. 부족하면 경거망동을 할 수 있고 지나치면 의존성이 강할 수 있다. 어머니를 의미하기도 한다.

✳ ✳✳

B와의
인연-2

✳ 아이의 문제는 나를 비추는 거울

4남매 중 부모님 속을 가장 많이 썩인 사람이 나였다. 그럴 때마다 아버지가 "딱 너 같은 자식 낳아서 길러 봐라."라는 악담을 하셨는데, 그 말이 실현된 사례가 딸아이였다. 나도 딸아이가 속을 썩일 때마다 그 말이 목구멍까지 넘어오지만 참을 인(忍)을 반복하면서 꾸역꾸역 목구멍으로 집어삼키곤 했다. 아무리 그 순간 아이가 미워도 나처럼 자식 때문에 마음고생하는 일은 없었으면 하는 바람 때문이었다.

굿의 효과를 바라는 일말의 희망은 점점 사라지고 있었

다. 대신 굿에 사용한 본전에 대한 아쉬움이 컸다. 그러나 그 비용도 결국 무엇에 대한 대가를 치르는 수순이었을 거란 생각으로 귀착되었다. 과연 무엇에 대한 대가였을까 그것이 궁금했다. 고작 그 정도의 금액으로 사람을 바꿀 수 있을 거란 기대는 애초에 없었다. 그럼에도 불구하고 그런 대가를 치르면서 나를 각성시키고자 하는 그 누군가의 의도를 알고 싶었다. 내가 집중한 부분은 거기였다.

나를 돌아보기 시작했다. 나는 아이에게 어떤 엄마였는지 스스로에게 물었다. 늘 일에 바쁘고 나의 발전에 힘썼지만 정작 아이를 먼저 생각하는 마음은 부족한 엄마였다. 사실 그것도 부모의 카르마라면 카르마였다. 나 또한 부모님으로부터 그렇게 양육되었기 때문이었다. 늘 바쁘셨고 열심히 사신 분들이었다. 자식에게 부모가 해줄 수 있는 책임감에 더 집중하는 분들이었다. 책임감이 강한 사람들은 목적의식이 앞서기 때문에 사람의 마음을 헤아려 공감하는 능력은 다소 떨어진다는 것을 알고 있다.

아이에게 많은 시간을 할애하지 못한 것에 대한 미안함보다는 내 나름의 합리화를 하면서 살았다. 드라마나 영화에서 보이는 자애롭고 따뜻한 엄마의 모습은 현실에서는 존재하기 쉽지 않다는 사실에 위안도 받으면서 말이다. 어떤 상황에서도 사고의 중심에는 아이가 아닌 내가 있었다. 부모가 부모의 인생을 제대로 살아야 아이에게 좋은 것이 아니겠는가가 나의 지론이었다. 내가 잘되면 아이에게도 분명 좋은 일일 거라 생각했다.

하지만 나는 이미 가장 소중한 아이와의 시간을 무의미하게 흘려버린 무심한 엄마였다. 한참 엄마와의 애착을 형성해야 할 시기에 일이 바쁘다는 핑계로 아이와의 교감은 나 몰라라 했다. 그렇게 과거로의 기억회귀를 하다 보니 가슴속에서 뭔가 뜨거운 것이 뭉클하고 솟아올랐다. 그것은 바로 아이에 대한 '한없는 미안함'이었다. 어린 시절 딸아이의 마음속에 응어리진 섭섭함과 원망이 사춘기 시절의 딸아이의 태도를 통해 나에게 날라오기 전까지는 미처 깨닫지 못한 그런 미안함이었다. 나의 그런 미안함은 켜켜이 쌓여 오래 묵은 딸아이의 서운함과 동치를 이루기엔 턱없이 부족했다.

어쩌면 그 사람이 누구였건 간에 아이가 날 택해 이 세상에 태어나기 전부터 나에 대한 섭섭함과 불만을 잔뜩 품은 영혼이었을 거란 생각이 들었다. 내가 어린 시절 그렇게 아버지의 애정을 갈구하면서도 한없이 미워한 것도 전생의 카르마에 의한 것이었다면 딸아이와의 관계도 그런 것이 아닐까 생각해 보게 되었다. 원진살 중에 가장 강하다는 인유원진*이 아버지와 나 그리고 딸과 나 사이에 성립되어 있었다. 아버지와의 관계는 나이가 들면서 자연스레 해소된 케이스였다. 사춘기 시절 아버지를 원망하며 적어 놓은 한 맺힌 일기장의 내용이 무색할 정도로 말이다.

그 고리를 먼저 끊은 사람은 아버지였다. 평생을 자식들과 가족을 위해 사셨다. 나와 아버지의 열심에는 차이가 있었다. 나는 그 중심에 내가 있었고 아버지는 가족이 있었다. 그런 아버지가 나태한 어린 시절을 보낸 나에게 실망한 것은 너무나 당연했다. 나를 너무나 사랑해서 기대한 만큼의 실망이었을 거란 착각도 해보았다. 미운 마음 한편에는 너무나 치열하게 사는 모습에서 인간적인 안쓰러움과 존경심도 느꼈다. 그리고 나도 아버지의 기대에 어느 정도 부합한 인생을 살게 되면서 두 사람 사이의 고리가 자연스레 풀리게 되었다.

고리는 윗사람이 먼저 끊어 주는 게 맞는 처사이다. 물이 위에서 아래로 흐르듯 카르마도 윗세대에서 아래세대로 전

2부 우연은 태어나기 이전에 이미 계획된 것들이다

달되기 때문이다. 명리학을 배운 이후로 사건들이 굴비 엮듯 줄줄이 생기는 것도 신기한데, 그 사건들이 나에게 무언가를 가르쳐 주기 위해 발생했다는 생각을 지울 수가 없었다. 지난 세월 아니 어쩌면 전생에서부터 짓기 시작한 악업들이 쌓이고 쌓여 한순간에 터져 나온 것만 같았다. 결국 명리학은 나의 카르마를 깨닫게 하기 위한 도구였던 것이다. 그 카르마를 해소하기 위해 나는 사람들의 고민을 들어주고 그에 대한 답을 찾기 위해 공부하고 있는 중이다.

❋ 아픈 유년시절의 이야기를 털어놓다

나와 B의 인연은 그 뒤로도 몇 달간 지속되었다. 내가 일터를 옮기지 않는 한 그녀와의 만남을 중단할 수는 없었다. 그녀에게 어느 정도의 영적 능력이 있다는 것은 인정하고 있었지만 그 능력이 모든 문제를 해결하는 능력과 직결되는 것은 아니라는 것도 알고 있었다. 세상에 백퍼센트는 없다고 믿고 확신하는 내게 와서 그녀는 자꾸만 자신의 능력을 과신하는 말을 할 때가 있었다. 그럴 때면 오히려 그녀의 지적능력에 대해 의심하는 부정적인 효과를 만들어 낸다는 것을 모르는 그녀가 안쓰러웠다. 그저 이 관계가 내게 의미하는 것이 무엇인지를 알고 싶었고 그 당시에는 달리 내가 할 수 있는 일이 없었다.

그날도 그녀는 밥을 먹자며 내게 왔다. 그래 어디까지 흘러가나 보자는 심정으로 그녀를 만났다. 늘 그렇듯이 술 한 잔씩을 했다. 평소와 다르게 그녀의 어깨와 눈에서는 힘이 빠져 있었다. 늘 겉도는 이야기만 하면서 술을 마시곤 했었는데 그날은 조금 달랐다. 만난 지 얼마 되지 않아 자신의 어린 시절 이야기를 해준 적이 있었는데 부잣집에 입양되었고 최근에 친아버지를 찾았다 정도까지만 들었던 것 같다. 평탄하지 않은 어린 시절을 보냈지만 그래도 부잣집에 입양되어 다행이다 생각했었다. 하지만 그날 그녀에게서 들은 이야기는 꽤나 충격적이었다.

"나 어릴 때 버려졌었다고 한 거 거짓말이다. 나 부잣집에 팔려 갔었어. 일하는 애로."

그녀의 말은 마치 드라마에서나 나올 법한 출생의 비밀을 밝히는 대사 같았다. 너무 충격적이어서 곧이곧대로 믿을 수는 없었지만 그녀가 내게 거짓말할 이유는 없었다. 그것도 한 번 한 말을 번복하면서까지. 나는 어떤 위로의 말도 할 수가 없어서 그저 당신의 말을 들어 주겠노라는 표정의 진지모드로 전환 중이었다.

나의 그런 심정을 알았는지 덤덤하게 자신의 이야기를 이어 갔다.

"그 집에 아들이 한 명 있었는데 나를 그렇게 괴롭혔다, 그놈이. 학교에는 그래도 보내 줬는데 학교 갔다 오면 자기 방으로 오라고 해서 무릎 꿇게 해놓고 큰 자 있자나 그걸로 무릎을 막 때렸어."

그녀의 아픈 과거가 머릿속에서 동영상으로 펼쳐지는 것 같아 나의 미간이 찌푸려졌다. 어떤 사람이라도 순수하고 철모르는 어린 아이였을 때 학대를 당했다는 것은 가슴 아픈 일이다. 설사 그 사람이 히틀러일지라도 말이다.

"고등학교를 간신히 졸업하고 그동안 모아 둔 돈으로 일본으로 무작정 가서 겨우 학교를 다녔어. 그 뒤로는 그 인간들하고 연락 안 하지."

"어린 시절에 부모 사랑 듬뿍 받고 자란 사람이 몇이나 되겠냐마는 자기는 너무 힘든 시간을 보냈네."

그녀의 고통을 온전히 이해하진 못했지만 부모님과 떨어

져 외롭게 자란 나였기에 진심으로 위로를 해주고 싶었다.

"몇 년 전에 친아버지를 찾았어. 뻔한 얘기지만 왜 나를 팔았냐, 그랬더니 부잣집에 보내면 밥은 먹을 거 같아서 보냈대. 도대체 얼마나 가난했길래 요즘 같은 세상에 먹을 게 없어서 부잣집에 보내느냐고. 처음에 자기한테 사주 볼 때 말한 생일도 정확하지 않아. 기억을 못 하더라고."

맘속에선 부정적인 이견이 삐죽하고 끼어들었지만 그 순간에는 아무런 소용없는 생각이었다. 그녀의 아버지란 사람이 돈에 눈이 멀어 그랬을 수도 있을 거란 생각 말이다. 그녀의 멍든 가슴에 대못을 박는 말을 굳이 할 이유는 없었다.

"지금 아버지는 어떻게 사시는데?"

"배를 탄대. 세계를 떠돌아다니나 봐. 한자리에서 마누라랑 자식이랑 거느릴 팔자는 못 됐던 거지."

그녀는 엄마에 대해서는 이야기를 꺼내지 않았기 때문에 굳이 묻지 않았다. 부모로서의 자격이 없으니 자식을 내 품에서 기를 기회조차도 박탈당했겠지만 둘 다 안쓰러운 인생이기는 마찬가지였다.

"그래도 지금은 아버지랑 연락하고 지내. 나와 같은 피가 흐르는 사람이 이 세상에 있다는 사실만으로 행복하다 요즘. 나한테 해준 거 하나 없는 부모인데 존재한다는 사실만으로 이렇게 힘이 된다니. 자기같이 부모가 부모 노릇 제대로 해준 사람은 정말 복받은 사람인 줄만 알아."

"자기에 비하면 나는 너무 받은 게 많은 사람이네. 물려줄 재산 없다고 징징거린 적은 없고 감사하는 마음으로 살고는 있지만, 자기 이야기 들으니 더 감사하며 살아야겠어."

그녀의 가슴 아픈 유년시절의 이야기를 들으면서 한편으로 이런 이야기를 나에게 할 정도로 그녀는 내가 편하게 느껴진 걸까라는 생각을 했다. 내가 현재 힘든 상황에 있고 딸아이에 대한 문제로 굿까지 한 상태였고 남편의 실직문제까지도 알 정도였으니 그녀도 나에 대해서 모른다고 할 수는 없었다. 내가 생각했던 것보다 더 그녀는 내게 친밀감을 느끼고 있었던가 보다.

그러나 내가 그녀에게 나의 이야기를 털어놓은 것은 친밀감을 위한 것은 아니었다. 그 시절에 그렇게라도 털어놓지 않으면 심장이 터져서 죽을 것만 같아서였다. 나에게 동시다발적으로 발생한 불행은 인간의 논리로는 도저히 설명과 이해가 불가능했다. 그녀를 무한정 신뢰한 것은 아니었지만 그녀가 누군가로 통하는 하나의 통로이길 바라는 심정으로 털어놓은 것은 맞았다.

✳ 바닷가에서의 기도

그 당시 내가 운영하던 숍이 있던 곳은 대형 쇼핑몰 안이었다. 문을 열고 나가면 자그마한 분수 광장이 있었는데 날이 좋은 주말이면 사람들이 모여 공연도 하는 다소 시끌벅적한 곳이었다. 사람이 많이 모이는 곳을 끔찍이도 싫어하는 나였다. 사람이 많은 곳엘 가면 숨이 막히는 증상이 나타난다. 죽을 것 같은 정도는 아니지만 빨리 그곳을 빠져나오고 싶은 생각만 들어서 다른 것에 집중할 수 없는 정도까지는 된다.

사람에게서 나오는 기라는 것이 섞이면 탁해지는 것은 당연한데 그런 에너지를 너무 잘 느끼는 탓이라고 스스로 생각하고 있었다. 그래선지 주말에 근처에 사람은 많은데 내 정신은 너무나 산만해서 집중을 할 수 없었다. 그 당시나는 참으로 돈 버는 일에는 관심이 없었던 사람이었다. 그저 조용히 공부만 하고 싶었으니까 말이다.

그녀가 가벼운 복장으로 문을 열고 들어왔다.

"놀러 가자."

참으로 생활인으로서의 자격이 없었던 나는 냉큼 콜을 외쳤다. 문밖의 사람들이 내게 손님으로 와주길 바라는 마음이 아닌 그저 피하고 싶은 존재들이라는 마음만 가득했다. 사실상 많은 사람들이 있다 해도 내게 손님으로 올 사람들은 이미 정해져 있다는 것을 알고 있기도 했다. 나의 잘못은 내 자리를 지키지 못하고 일탈을 하고 싶었다는 것에 있었지 저 사람 중 몇 명이라도 내게 손님으로 와주지 않을까라는 희망을 버린 데 있지 않았다.

처음에 나를 방문했을 때 같이 왔던 그녀의 제자라는 여자와 셋이서 서해 쪽 바닷가를 향했다. 취사가 가능한 곳에 차를 세우고 고기 구울 준비를 했다. 그녀가 준비해 온 음식들로 배를 채우고는 바닷가와 조금 더 가까운 곳으로 자리를 옮겼다. 왜 바닷가에 왔는지 특별히 생각하지 못했었는데 그녀는 인적이 많이 다니지 않는 바닷가 몇 군데에서 기도를 하기 시작했다. 애초에 그녀의 목적이 피크닉이 아니었음을 그때서야 인지했다.

보통 무당들은 산에 간다고 들었는데 그녀는 왜 하필 바닷가에 온 것일까 의문이 들었다. 내 의지와는 상관없이 그녀를 따라 절을 했지만 이왕 하는 거 아주 간절하게 빌었다. 그저 어떤 신이든 간에 인사를 잘하면 기특해서 뭐라도 들어주지 않을까 하는 심사로 말이다. 어른들한테 인사 잘하는 애들은 어딜 가나 예쁨을 받는 그런 이치와 비슷하지 않을까 생각했다.

보통 때의 나의 성격 같으면 그런 나를 다른 사람들이 어떤 시선으로 볼까에 대해 신경을 썼을 것이다. 그러나 그날은 이미 술로 전두엽을 일정 부분 마비시킨 후라 뒤통수에서 벌어지는 일에 관해서는 대범해지기로 했다. 목욕탕에서 불이 나면 어디를 가릴 것이냐는 질문의 가장 완벽한 답은 얼굴을 가리는 것이라는 유머가 있었다. 가끔 스스로가 생각해도 한심한 행동을 하는 것을 목격할 때의 난감함을 무마하기 위해, 심리학에서 사용하는 인지부조화를 없애기 위해 구차한 변명들을 생각해 내곤 한다. 내 안에 존재하는 여러 자아들을 잠재우는 가장 손쉬운 방법이긴 했다.

무당과 어울리더니 굿을 하지 않나 이제는 주말에 사람들이 붐비는 바닷가에서 바위나 파도를 보고 절을 하지 않나 내 스스로가 어디까지 추락해야 하는지를 두고 보자는 식이었다. 뇌를 정지시키고 싶었다. 그런 나를 참을 수 없어 하는 내 또 다른 자아의 스위치를 꺼버리고 싶었다. 애써서 인지부조화를 없애고 있었지만 빨리 그 자리에서 벗어나고 만 싶었다. 이렇게 내 의지와는 다른 상황에 휩쓸리는 일은 더 이상 하고 싶지 않다는 생각뿐이었다. 돌아오는 길에 다 짐했다. 죽이 되든 밥이 되든 내 인생에서 나의 의지가 아 닌 일에는 더 이상 개입하지 않겠다고. 누가 뭐라 해도 내 결정을 따르겠다고. 그리고 그 결정을 내릴 수 있는 강한 정신력을 키우겠다고 말이다.

❋ 나의 소울메이트가 되어 줘

자신의 어린 시절에 대한 '고백사건' 이후로 그녀와 나 사 이의 관계의 벽은 조금 더 낮아졌다. 그녀가 나보다 훨씬 더 외로운 사람이라는 생각이 들어 그녀에 대한 마음이 애 틋해지기도 했다. 한 겹 벗겨 내고 나면 가엽지 않은 인생 이 어디 있겠냐마는 자신을 세상에 있게 해준 장본인들로

부터 버려졌다는 것은 자신의 존재 자체를 부정당하는 일이다. 그것만큼 서글픈 일이 세상에 또 있을까 싶은 마음에 한 인간으로서의 그녀가 애틋했던 것이다. 비를 맞고 떨고 있는 길고양이가 애틋하듯이 말이다. 그 당시 내 처지에 누군가를 애틋하게 여긴다는 것이 주제 파악 못 하는 일일 수도 있었지만.

나의 마음은 순수한 것이었다. 그녀가 아니라 TV에서 누군가 나와서 그런 이야기를 털어놓았을 때도 같은 마음이었을 거란 거다. 그녀이기 때문에 애틋한 게 아니란 말이지. 애틋함이 상대에 대한 애정으로 바뀌는 것은 시간의 문제는 아니라고 생각한다. 난 영원히 그녀가 애틋할 것이다. 그러나 그녀와 오랜 시간을 함께 보낸다고 해서 내가 그녀에게 애정이 생길 거 같지는 않았다. 그것은 머릿속에서 나오는 생각이 아니었다. 마음속에서의 다짐도 아니었다. 우스운 얘기지만 피부는 이미 알고 있었다. 가장 깊은 곳에서 나온 이야기가 아니란 것이다. 말초신경이 밀집해 있는 가장 표면적인 것들이 이미 우리의 운명을 알고 있었다는 소리다.

남녀사이에 사랑의 감정이 생기는 시간은 4초면 충분하

다고 한다. 그것이 무엇을 말하겠는가. 저 깊은 곳에서 울림이 있어 그것이 표면으로 나오는데 4초란 소리도 되겠지만, 깊은 곳에서의 울림을 미처 자각하기도 전에 알아챈다는 것이다. 머리까지 올 시간도 없이 바로 피부로 표현된다는 것이 맞는 소리겠다. 그게 어디 남녀뿐이겠냐는 이야기다. 자신만의 에너지와 주파수를 가지고 있는 사람들은 타인의 에너지와 주파수를 감지하는 안테나도 장착되어 있다. 그 안테나가 탑재되어 있는 부분이 사람마다 조금씩 다를 수는 있다. 어떤 이는 눈에 있어서 눈에 들어오는 것들에 집중하고, 또 어떤 이는 코에 있어서 후각에 집중하게 되는 것처럼 말이다.

감각보다 더 높은 차원에 장착된 안테나도 있다. 단지 촉이나 감이라는 말로는 부족한 듯하여 '제3의 눈'이라고 칭해 볼까 한다. 이 안테나는 감각을 통해 경험하지 않아도 알 수 있는 고급 사양을 갖춘 장치이다. '척 보면 압니다'까지는 아니라도 '그냥 좋다' 또는 '그냥 싫다' 정도의 정보를 제공함으로써 인간의 뇌가 다 수렴할 수 없는 정보를 보완해 주는 역할을 한다. 흔히 사람들은 뇌가 똑똑하다고 생각한다. 단기적으로 보면 틀린 말은 아니다. 머릿속으로 전후 상황을 계산해서 어떤 것이 더 남는 장사인지를 산출하는 능력은 뛰어나니까. 그러나 그럴 수도 없지만 이 세상에 있는 정보를 다 수렴한 후 머릿속에 넣어 계산기를 돌린다 해도 미래 상황을 백프로 예측할 수 없다는 것이 인간의 한계이다.

뇌에서 돌린 계산기가 틀리고 제3의 눈이 맞다는 이야기가 아니다. 계산기로 산출한 답이 아무리 맞더라도 자신의 운명에 써 있지 않은 것은 자신의 답이 아니란 소리다. 타인의 답을 붙들고 사는 것은 오답으로 사는 인생보다 더 불쌍한 인생이 될 수도 있다. 인생에 답이 없기는 하지만 자신만의 답은 있는 법이니까. 결국 사람이 살아간다는 것은 각자의 인생에 맞는 답을 찾아 떠나는 여정이다. 찾으면 너무나 다행이고 못 찾으면 다음 생을 기약하는 수밖에. 정말 힘든 순간에는 이번 생에 반드시 답을 찾아내서 다음 생이란 기회를 스스로 박탈해 버리고 말겠다는 생각을 한 적도 있었다.

그녀를 처음 보았던 순간에 이미 그녀에게 어디까지 마음을 줄 수 있는지 알 수 있었다. 머릿속 계산기의 산출법이 아닌 내 몸 어딘가에 탑재된 고성능 안테나의 감지법으로 말이다. 사람 사이에는 더 이상 가까워질 수 없는 최소의 거리가 존재한다. 그 거리가 아주 얇아서 어떤 때는 저 사람이 나인 거 같기도 하고 내가 저 사람인 거 같기도 한 사람도 있다. 그런 경험이 흔히 말하는 사랑이겠지. 남녀를 떠나서 말이다. 하지만 아무리 최소의 거리까지 도달했다고 해도 물과 기름처럼 섞이지 못하고 각자의 숨소리가 독립적으로 울려 퍼지는 존재도 있다. 내게 그녀가 그랬다. 그녀에 대한 애틋함은 결코 애정으로 변태되지 못했다.

어느 날인가 마치 사랑을 고백하는 소녀처럼 조금 쑥스러운 듯 그녀가 입을 열었다.

"소울메이트란 말이 있더라. 영혼이 서로 통하는 사람을 말하는 거겠지? 나랑 소울메이트 하자."

초등학교 때 마음에 드는 아이에게 가서 "나랑 친하게 지내자."라고 말한 적이 몇 번 있긴 하다. 어른이 되고 나서 생각해 보니 참으로 유치하기 그지없는 행동이었다.

물론 군더더기 없이 자신의 마음을 있는 그대로 표현하는 용기에 대해서는 박수를 보낸다. 하지만 관계라는 것이 그렇게 하자고 약속한다고 되는 것인가 말이다. 더구나 영혼이 통하는 상대가 되어 달라는 부탁이 얼마나 말이 안 되는 소린지 그녀는 알고 있을까? 그건 내가 아니라 내 영혼에 부탁해야지.

그녀는 그만큼 순진했다. 나보다 외로운 사람이었고 자기 방식대로 나에게 마음을 표현한 것도 알고 있다. 그 당시 나 또한 환경 변화로 인해 그 이전에 알고 지낸 사람들과 관계를 끊다시피 한 탓에 외롭기는 마찬가지였다. 더구나 현실과는 다소 동떨어진 공부와 일을 하는 바람에 더더욱 아무하고나 마음을 터놓고 이야기하기가 쉽지 않은 상태였다. 세상 사람들이 갖는 관심사에는 도저히 흥미가 생기지 않았던 것이 주된 이유기는 했다. 나는 온통 명리학과 보이지 않는 우주의 법칙에 꽂혀 있었다. 그녀와 이야기를 나눌 수 있던 것도 그나마 그런 점에서 통하는 부분이 있었기 때문이었다.

하지만 결정적으로 내가 그녀에게 마음을 더 이상 주지 않았던 것은 굿을 한다고 해서 어떤 상황이 크게 바뀌지 않는다는 것을 알고 있었기 때문이었다. 아이 때문에 굿을 한 것은 더 이상 나빠지지 않기를 바라는 마음에서였지 아이가 갑자기 다른 사람처럼 바뀌는 것을 바라거나 기대해서는 아니었다. 더구나 그녀는 자신의 능력을 과대평가하고 있었다. 한 사람의 영적 능력이 아무리 뛰어난다고 해도 봄을 가을로 바꿀 수는 없다.

　그녀가 그 능력으로 밥벌이를 하고 사는 것을 뭐라고 할 생각은 없다. 수요가 있어야 공급도 있는 것이니 그녀를 필요로 하는 사람들이 있어 그녀도 존재하는 것이겠지. 그러나 겪어야 할 것은 겪어야 하는 것이 인생인 것을 이미 알고 있었고 명리학을 공부할수록 한낱 인간이 자연을 거스른다는 것은 터무니없는 것이란 것을 깨닫게 되었다.

　그녀에 대해 저런 생각을 가지고 있는 내가 그녀와 소울메이트를 하겠다고 작심한다면 나의 모든 생각을 그녀에게 표현해야 할 텐데 과연 그녀가 그걸 어디까지 받아들일 수 있을지도 의문이었다. 그녀의 말에 대답을 얼버무리며 웃음으로 대신했지만 웃음의 뉘앙스를 파악했다면 나의 의도를 알아챘을 것이라 생각했다. 얼마 뒤에 숍을 정리하면서 그녀가 불쑥 나의 일터를 찾아오는 일은 더 이상 발생하지 않았다. 몇 번 그녀에게서 전화를 받았지만 만남을 갖지 않았고 어느 날인가부터 나는 그녀가 다소 부담스러워 번호를 차단했다. 이렇게 그녀와 나의 인연은 끝이 났다.

* **인유원진** 원진살의 정의는 '서로 가까워지면 미워하고 멀어지면 그리워
지는 살'인데 여섯 가지가 있다. 그중 하나가 인유원진인데 인(寅)이란 글자
와 유(酉)란 글자가 만나 형성된다.

❋❋ ❋

C의 사랑이야기-2

❋ 타인의 눈에는 그저 미친 사랑일지도

그녀는 한동안 연락이 뜸했다. 과연 그녀가 그에게 돈을 주었을지에 대한 생각에 머물 때면 주었을 것이라는 잠정적 결론에 도달하곤 했다. 그녀는 사랑에 목숨을 거는 순정녀도 아니었고 모든 걸 내어 주는 헌신녀도 아니었다. 연애도 해볼 만큼 해봐서 남자라는 인간들이 어떤지에 대해서도 잘 아는 나름 깨어 있는 여자였다. 그런 사람도 자신이 어쩔 수 없는 임자를 만날 수도 있지만 말이다. 그래서 인생은 장담할 수 없다는 이야기가 있나 보다.

그녀가 꿈을 너무 맹신하고 있지는 않을까 하는 생각도 해보았지만 나도 꿈에 대해서 특별한 경험을 한 바가 있는지라 아무리 사랑한다고 해도 두 사람의 관계가 꿈에서 보이는 일은 그다지 흔한 경우는 아니었다. 평생은 아니라도 그 당시에는 분명 서로에게 또는 최소한 그녀에게 그 남자는 필요한 존재였을 것이란 생각이 들었다. 그 답을 찾는 것은 그녀의 몫이었지만 내가 도움을 줄 수 있는 데까지는 도움을 주고 싶었다.

몇 달 만에 그녀가 나를 찾아왔다. 그녀는 무슨 일이 있었는지 얼굴에 근심이 가득했고 상당히 야위어 있었다. 분명 두 사람 아니 세 사람 사이에 큰 일이 있었던 것이다. 그녀의 이야기를 대충 정리하자면, 그녀는 그에게 돈을 주었고 그 돈으로 그 남자는 빚을 갚고 관계를 정리했다고 한다. 그 말이 사실이든 아니든 자신은 믿고 싶었다고 했다.

그러던 어느 날 상대편 여자에게서 전화가 와서 만났는데 여전히 그 두 사람은 관계를 유지하고 있다는 사실을 전해 들었다. 물론 그 여자의 돈도 갚지 않았다고 한다.

"어머나 세상에. 혹시나 했는데 역시나였네요."

"무슨 말씀이세요?"

"그 분의 사주를 알잖아요. 저는 C씨가 돈을 줘도 그 남자가 그 돈을 그 여자에게 갚는다는 확신이 서지 않더라고요."

"어머 그러면 말리셨어야죠 선생님."

나를 원망하는 눈치였지만 이런 경우는 확실하게 설명을 해야 할 필요가 있었다.

"제가 그때 아무리 말렸어도 결국 돈을 주셨을 걸요. 저보다는 그 남자에 대한 믿음이 더 크시니까요. 그렇게라도 해서 그 남자를 온전히 소유하고 싶단 욕심이 크셨을 테니까요. 제 말이 틀리나요?"

그녀는 아무 말도 하지 못했다.

"그런데 그것보다 더 쇼킹한 사건이 생겼어요."

"이것보다 더 쇼킹한 거요? 뭐 또 바람이라도 났나요?"

그것만은 아니길 바라면서 뱉은 말이었다. 돈 문제를 일으키는 남자는 여자문제 또한 일으킬 가능성이 높다는 것은 명리적으로 충분히 뒷받침이 가능한 사항이었다. 그녀는 눈과 입이 동시에 커졌다.

"어떻게 아셨어요?"

"그 남자분의 문제가 뭐냐면요, 돈 아니면 여자로 인해 늘 사고를 친다는 거죠. 본인이 저질러 놓은 일의 뒤처리도 깔끔하지 않고요. 일종의 패턴이에요."

"진짜 쓰레기 같은 인간이에요. 차라리 어디 가서 죽었으면 좋겠다는 말을 하루에도 수십 번씩 내뱉어요. 그럴수록 제 자신에 대한 혐오감 때문에 머리가 아플 지경이에요. 더 미치겠는 건…"

그녀는 잠시 숨을 내쉬더니 창밖을 바라보았다. 그녀의 머리와 마음속에 큰 폭풍우가 한 차례 지나간 뒤의 폐허만 남은 허무함을 엿볼 수 있었다. 내가 예상한 대답이 나올 것만 같은 순간이었다. 예감은 이성보다 속도가 빠르다.

"그 사람이 아직도 그립다는 거예요. 이런 제가 한심해 보이시죠? 하기야 제 자신도 제가 한심한데요. 세상 똑똑한 척 다하면서 살았는데 말이에요."

"솔직히 같은 여자로서 화가 나는 건 있어요. 그 남자분에 대해서요. 그런데 제가 괜히 이런 상담을 하는 게 아니잖아요. 이 일 하면서 느낀 건 사람의 감정은 자신의 것이 아니라는 거더라고요. 사랑에 빠지는 것도 마찬가지고요. 맞다 틀리다의 문제로 볼 수 없는 것이라는 걸 다시 한 번 뼈저리게 느꼈어요. 그러니 제가 C씨를 한심하게 볼 거란 생각은 하지 마세요. 알고 보면 인간들은 다 한심해요."

진심이었다. 오행의 변화에 따라 감정과 사고 그리고 행동까지도 변하는 인간이 똑똑해 봤자 얼마나 똑똑하겠는가. 알면서도 실수를 저지르는 것이 인간 아닌가. 그러니 그녀를 위로하려는 의도가 아니라 사실이 그렇다. 인간은 다 한심하다. 그녀의 사랑을 응원하는 입장도 아니었지만 그렇다고 심판할 자격도 내게는 없었고 그럴 생각도 없었다. 다만 이렇게 정리 안 되는 감정을 어떻게 하면 조금 더 발전적인 쪽으로 돌릴 수 있게 도와줄 수 있을까를 고민했다.

"제가 어디까지 생각했냐면요, 내가 이 사람을 좋아하는 감정이 과연 진짜 내가 원하는 것일까 아니면 선생님이 말씀하신 그 원진살인가 뭔가 때문인가 엄청 고민해 봤어요. 전생의 인연으로 만나서 날 힘들게 한 것이면 어떻게 풀어야 인연이 끝날 수 있을까 이런 것도 고민해 봤고요. 그러면서 예전에 제가 다른 사람들에게 상처 줬던 생각도 나더라고요."

그녀는 이제야 그들의 마음을 헤아리게 되었다. 역시 인간은 자신이 당해봐야 깨우치는 존재인 것인가.

"저도 한때 좀 동시에 여러 사람도 만나 보고 그랬거든요. 그때는 나름 자유롭게 사는 게 한 사람에게 정착하고 집착하는 것보다 제 스스로에게 나은 일이라고 생각했는데 저 때문에 상처받은 사람들도 분명 있을 거란 생각도 해봤어요. 지금 절 힘들게 하는 그 사람이 의도했던 것은 아니지만 그 사람으로 인해 많이 성장했어요. 그것만으로도 지금은 감사하게 생각하고 있어요."

그녀는 깊은 참회를 하는 듯했다.

"많이 발전하셨네요. 이런 상황에서도 그렇게 생각하신다는 게 대단해요."

그녀는 잠시 생각에 잠긴 듯 말을 바로 이어 가지 않았다.

"이런 말 하면 재수 없게 들리실 수 있는데요, 살면서 남자가 저 때문에 마음고생을 하면 했지 제가 남자 때문에 이럴 줄 몰랐네요."

그녀는 능력과 미모 면에서 보통 이상이긴 했다. 가장 마음에 들었던 점은 남자에게 감정적으로나 경제적으로 의지하려는 생각이 없다는 점이었다.

"전혀요. 충분히 그럴 만하세요. 독립적인 성향도 멋지고요. 그런데 살다 보면 늘 갑으로만 사는 사람은 없더라고요. 이런 경험을 통해서 자신을 돌아보는 계기가 돼서 훨씬 더 좋은 방향으로 변하실 거 같은데요. 독립적이라 멋지고 쿨하긴 한데 조금 차가워서 인간적인 면은 부족해 보였던 건 사실이니까요."

완벽한 인간이 어디 있겠나 싶기도 했지만 죽을 때까지 수정하고 보완해 가는 것이 인간이 할 일이기에.

"헤어진 남편에 대해 생각했어요. 사실 착한 사람이었는데 좀 재미는 없는 사람이었거든요. 헤어진 결정적 이유는 아니었지만, 제가 몇 번 바람을 피웠어요. 나중에 알고 보니 그걸 알고 있었는데 내색을 안 했더라고요."

그녀는 표정이 숙연해졌다.

"그 마음이 어땠을까 생각해 봤어요."

남편 얘기를 꺼낸 건 처음이었다. 그녀를 좀 더 알아야 답이 나올 거 같았다.

"왜 헤어졌어요?"

"착하긴 했는데 무능력했어요. 뭘 해도 안 되는 사람 있죠? 그 사람이 그랬어요. 능력도 안 되는데 자꾸 사업한다고 해서 돈도 많이 대줬는데 결과는 뻔했죠. 제가 식당 두개를 하고 있었는데 이혼하면서 하나 정리해서 위자료로 줬어요. 이러다 둘이 같이 망할 거 같아서요."

그녀는 이탈리안 레스토랑을 운영하고 있었다. 능력 있

고 멋진 여자라고만 생각했지 이런 사연이 있을 줄 몰랐다. 역시 보이는 빛만 봐서는 안 되는 것이었다.

경제적인 능력이 뛰어난 여자들을 가만 보면 남편이나 만나는 남자들의 능력은 그녀들에 비해 떨어지는 경우가 많다. 단지 떨어질 뿐만 아니라 전 남편이나 지금 만나는 사람처럼 남자에게 경제적 지원을 해줘야 하는 경우가 대부분이었다. 어느 한쪽이 능력이 되면 다른 한쪽을 도와주는 것이 뭐가 문제인가라고 생각할 수도 있다. 반대로 생각해 보자. 능력 있는 남편을 둔 여자가 사업을 이유로 계속해서 남편에게 도움을 요구한다면 그런 관계는 정상적이라고 보이는가 말이다.

반드시 남자가 능력이 뛰어나 여자를 지원해 줘야 마땅한 이치는 아니다. 서로의 관계가 뒤바뀔 수도 있는 것이고 지금처럼 여성들의 지위가 높아지고 있는 시대에서는 충분히 있을 수 있는 상황이다. 다만 한쪽이 일방적으로 빼앗는 관계라면 문제가 있다. 물질적인 것을 줄 수 없다면 정신적으로 그녀가 의지할 수 있을 정도의 그릇이 되었다면 달라졌을 거란 생각이 들었다. 이도 저도 아닌 관계는 끝나는 것이 당연한 이치다.

"결국 남편하고 비슷한 상황에 있는 남자를 만난 거네요? 바람기가 있다는 것만 좀 차이가 있을 뿐?"

그녀는 부인하지 않았다.

"제 팔자가 그런 건가 봐요, 선생님."

"능력이 있다는 것은 일단 축하하고 볼 일이죠. 평생 누군가에게 손 벌리고 사는 인생보단 낫잖아요."

그녀는 나의 말에 조금은 위안을 얻는 듯했다. 순간순간 어떤 방향으로 생각을 이끌고 갈 것인가는 참으로 중요한 문제인 듯하다. 내가 만일 그녀에게 이렇게 말했다면 그녀는 어떤 기분이었을까? "팔자가 박복해서 남자에게 다 빼앗기고 살 팔자네요."라고 했었다면 말이다.

"그 남자가 남편보다 더 나은 점이 있을까요?"

사실 그 상황에서 비교를 한다고 해서 크게 달라질 것은 없었다. 그녀 또한 전 남편에 대한 미련은 없어 보였다. 다만 그 남자에 대해서 그녀가 얼마나 객관적으로 인식하고 있느냐가 중요했고 궁금했다. 그녀는 평소에 그런 생각을 늘 해오던 사람처럼 오랜 시간 생각하지 않고 바로 대답했다.

"선생님도 저를 어느 정도 아시겠지만 제가 남자에게 기대하는 게 별로 없어요. 전 남편하고 살면서 잠자리를 거의 안 했어요. 서로 바빠서 그런 것도 있지만 남편이 안 내켜 하더라고요. 그래서 사실 바람도 피운 거고요. 나는 감정적으로 나만 봐달라 하지도 않고 경제적으로도 돈을 벌어와 나를 먹여 살려 달라 하지도 않는데, 아주 기본적인 욕구마저도 채울 수 없다면 그 사람하고 사는 이유가 뭔가 싶더라고요. 우리 사이에 애가 있어서 애 때문에 억지로 살아야 하는 것도 아니고요."

"아 그러셨구나. 그 문제 무시할 수 없는 문제긴 하죠."

그녀가 충분히 이해되었다. 그다음에 이어지는 그녀의 말은 나의 예상과는 달랐다.

"남편과 비교해서 그 남자와의 잠자리가 상대적으로 너무 좋았다 그런 건 아니에요. 잠자리 하나만을 보고 그 사람을 만난 건 아니니까요."

그녀가 생각을 정리할 수 있게 잠시 시간을 주었다. 그녀는 지금 그녀 인생을 쭉 훑으면서 자신의 현재 좌표를 확인하는 과정을 거치고 있었다.

"결국 나의 문제더라고요. 제가 남자에게 원하는 게 너무 없는 것이 문제였더라고요."

아니 이것은 뭔 소리란 말인가. 나는 얼른 부연 설명을 해 달라는 눈빛으로 그녀를 쳐다보았다.

"내가 만나는 상대는 어쩌면 나의 가치를 반영하는 거울 인데 제가 그 거울의 존재를 너무 가볍게 본 게 저의 실수 인거 같아요. 저는 세상에서 저만 잘나면 되는 줄 알았거 든요."

아, 이거였구나.

"남자는 그저 제가 시간 날 때 만나서 즐기고 아니면 빠 이빠이 하면 되는 존재정도로만 생각하고 살았어요. 남편 과 결혼을 결정할 때도 그냥 사람 좋고 착해서 속은 안 썩 이겠다, 그래서 했어요. 저 참 생각 없죠?"

"자기 주제 파악은 못 하면서 상대는 계산기 두들겨 가면 서 고르는 사람들보다 낫다고 생각하는데요, 저는."

세상에서 주제파악 안 되는 사람들을 제일 싫어하는 나 였다. 그런데 가만히 생각해 보니 그녀도 주제파악을 못 한 사람이 아닐까 생각되었다. 자신의 진짜 가치를 너무 싼값 에 넘긴 건 아닐까.

"반대로 자신의 가치를 너무 평가절하하는 사람들도 마 찬가지로 주제파악 못 하는 것과 같다고 봐요."

나의 말이 뇌리를 세게 쳤는지 그녀의 눈이 커졌다.

"맞아요. 저도 그 생각했어요. 제가 저를 너무 과소평가한 대가라고 생각했어요. 이번에 이런 일을 겪으면서요. 그런데 한편으론 사람과 사람 사이에 가치를 매겨 가며 만난다는 것도 웃기다고 생각하기도 했고요."

그녀는 쿨내 풀풀 풍겨 가며 말을 이어 갔다. 같은 여자가 봐도 멋진 그녀였다.

"C씨가 남자였으면 저랑 사귀자 했을 거예요, 하하하"

우린 마주보며 경쾌하게 웃었다.

"사람들이 흔히 자신의 가치를 올리면 그에 걸맞은 사람을 만날 거라는 말들을 하잖아요. 저는 명리학을 공부하기 전에는 어느 정도 그 말을 믿었었는데 이 공부를 하고 나니 의심이 가기 시작하더라고요."

나는 흔해 빠진 기초적인 심리학 이론 또는 자기계발서에 나오는 상투적인 문구로는 그녀와의 대화가 힘들다고 느꼈고, 사실 그런 이론들에 흥미가 없어진 지 오래였다.

"저도 마찬가지에요. 내가 가진 게 이만큼 있으면 상대는 그만큼 갖지 않아도 저에게 부족한 점을 채워 줄 수 있는 사람을 찾게 되거든요. 가진 걸로 사람의 가치를 매길 수는 없는 거니까요. 뭐 돈이 아니라도 세상에 알고 보면 도덕적으로 제대로 된 인격을 가진 사람이 몇이나 있나요. 그리고 사실 그런 사람들은 재미가 없어요. 저는 세상에 저만을 위해 존재하는 완벽한 사람을 찾아 헤맬 생각은 없으니까요."

"와우, 멋지시네요. 스스로에 대해 자신감이 넘치는 사람들이나 할 수 있는 말이에요. 모자란 것이 많거나 욕심이 많은 사람들은 자신보다 모든 점에서 나은 사람을 선택하려고 하는데요, 그거야말로 자신은 이만큼 부족한 사람이에요, 하고 말하는 거거든요. 외부적인 조건으로 사람을 평가하는 사람들이 딱 그런 부류죠."

그런 부류를 나는 속물이라 칭한다. 그러나 땅에 발붙이고 사는 사람 중에 속물 아닌 인간이 어디 있겠는가. 정도의 차이만 있을 뿐이지.

그런 생각을 가진 그녀가 그에게 끌렸던 이유는 무엇이었는지가 너무나 궁금했다.

"그 사람에게 끌렸던 이유를 한 가지만 댄다면 뭘까요?"

그녀는 잠시 생각에 잠겼지만 그리 오랜 시간은 아니었다.

"함께 있으면 한없이 자유로움을 느껴요. 그런 느낌을 준 남자는 없었어요."

난 충분히 이해할 수 있었다.

"그 정도 이유면 사랑에 빠질 만한 가치가 있네요."

누군가에게 자유로움과 해방감을 선사할 수 있는 능력을 가진 사람은 드물다. 아니 귀한 존재이기도 하다. 그녀는 단순한 바람둥이를 만난 것만은 아니었다.

✳ 쌍둥이 불꽃(트윈 플레임)일 가능성은?

인간은 누구나 자기중심적인 면을 가지고 있다. 세상 모든 것은 '있냐, 없냐'의 문제가 아니라 '많냐, 적냐'의 문제이다. 그리스 신화에 자신의 모습을 너무나 사랑하여 수선화가 된 나르키소스라는 남자가 있다. 자신의 모습에 너무 몰입한 나머지 물에 빠져 죽었는데 그 자리에서 핀 꽃이 수선화였다. 그 사람의 이름을 차용한 심리학 용어가 나르시시스트이다.

사전적 의미의 나르시시스트는 자기애성 인격장애(narcissistic personality disorder, NPD)이다. 자기중심적 성향이 너무나 강해서 타인을 자신의 뜻대로 움직이고 싶어

하는 욕망이 강하고 그를 위해서는 수단과 방법을 가리지 않는다. 이 세상의 중심에 자신이 있어서 어른들은 자신이 바라는 것을 다 들어줘야 직성이 풀리는 그런 아이들이 있다. 또래 아이들보다 영악해서 어른들에게 사랑받는 법을 알고 있고 스스로가 매력적인 존재라는 사실도 알고 있다. 순간순간 자신에게 이익이 되는 것을 귀신처럼 알고 있고 결코 기회를 놓치지 않는다. 그러나 순간의 이익만 따지다 보니 결과적으로는 주변 사람들에게 피해를 끼치게 되거나 자신의 행동에 책임을 못 지는 사태가 벌어진다. 무엇이든 내가 쥐고 흔들어야 직성이 풀리는데 그 욕망에 비해 능력은 부족하다. 그러니 편법과 술수를 이용하게 되는 것이다. 이것이 나르시시스트의 특징이다.

이런 특징을 그녀에게 이야기 해준 후 그 남자가 나르시시스트일 가능성에 대해 이야기했다.

"해당 사항이 많긴 하네요. 그 사람이 일반인들과는 조금 동떨어진 도덕성을 가지고 있긴 한 거 같아요. 그런데 어찌 보면 겉보기에 도덕적인 사람들도 결정적인 순간에 돌변할 수도 있잖아요. 이 사람이 조금 심하다뿐이지 인간은 누구나 이기적이지 않을까요?"

그녀가 그를 두둔하기는 했지만 틀린 말은 아니었다.

"그 남자가 변할 수 있을까요?"

나는 잠시 아닌 꽤나 긴 시간 말을 잇지 못했다. 인간이 변한다는 것은 그리 단순한 문제도 아니었지만 시간이 오래 걸린다 해도 변화가 불가한 경우가 있기 때문이었다.

"그리 쉽지는 않을 거 같긴 해요. 어떤 확실한 계기가 오지 않는 한요."

그녀에게 그 남자에 대한 기대를 심어주기가 싫었다기보다는 보다 현실적인 답을 주고 싶었다.

"지금 변하려고 노력하는 거 같긴 한데, 뒤통수를 몇 번 맞다 보니 믿을 수가 없어요."

"그 분은 변화무쌍한 분이에요. 그리고 자기에게 필요한 것이 있다면 그걸 취하러 또 갈수도 있고요."

그녀는 한숨을 쉬었다. 그 남자는 결국 두 여자를 정리하고 그녀에게 정착을 하는 중이었다. 최종적으로 자신을 선택한 것에 대한 승리감보다는 자신은 당연히 그럴 것이라고 확신했다고 했다.

"그런데 그 사람하고 저랑 아주 잘 맞는 건 아니에요. 오히려 반대적인 측면이 많아요. 그런데도 이렇게 끌리는 건 무슨 이유일까요? 꿈에도 나오고요."

"그 반대적인 면 때문에 싸우는 경우가 많은가요?"

"물론이죠. 성향 자체가 반대에요. 그런데도 만난다는 게 신기할 따름이에요. 저는 계획적이고 철두철미한 게 좋은데 그 사람은 너무나 자유롭게 무계획적이에요."

"C씨는 그 분하고 있으면 자유로워져서 좋다고 하셨잖아요. 그분은 어떤 점이 좋다고 하던가요?"

"저와 있으면 긴장을 많이 해서 피곤하긴 한데 자신이 촘촘해지는 느낌이 든다네요."

나는 이제야 두 사람의 관계가 윤곽이 잡히기 시작했다.

"C씨는 스스로가 나르시시스트와 어느 정도 공통점이 있다 생각하세요?"

자신은 그런 생각을 해본 적이 없는 듯이 한참을 생각했다.

"이기적이지 않은 사람이 어디 있겠어요. 그런데 저는 어떤 일을 하기 전에 뒷생각을 하는 편이에요. 그리고 저와 타인의 이익이 엇갈리는 점에서는 두 사람에게 다 좋은 쪽을 택하는 편이에요. 인생에서 제일 중요한 게 타협이라고 생각하거든요."

그녀는 확실히 나르시시스트는 아니었다.

"운명적인 상대를 일컫는 말에 소울메이트와 쌍둥이 불꽃(트윈플레임)이 있어요. 소울메이트는 많이 들어 보셨죠? 생각이나 성향이 비슷해서 함께 있으면 시너지가 나고 평화로운 특징이 있어요. 반대로 쌍둥이 불꽃은 원래는 하나의 영혼이었는데 둘로 갈라지면서 오랜 세월을 다른 길을 걸어서 성향이 많이 달라지는 게 특징이에요. 그러니 만나면 투닥거리는 거죠. 그럼에도 원래가 하나였기 때문에 서로 강한 끌림을 느껴요. 저는 그 분과 C씨와의 관계는 쌍둥이 불꽃일 가능성이 크다고 봐요."

"와 그런 게 있군요. 저도 언제부턴가 이 사람을 보면 저의 반쪽이란 생각이 들긴 하는데 저랑 너무 다르니 좀 당황스럽더라고요. 그래서 왜 저런 사람이 나의 반쪽일까라는 자괴감도 들었어요."

"반쪽이라고 느낄 정도로 강한 끌림을 받으신 거예요?"

"어쩔 땐 강하다 또 어쩔 땐 아닐 거야라는 생각이 들긴 하는데요, 살면서 이런 느낌은 처음 받는 거 같아요. 함께 있으면 완전해지는 느낌이랄까요? 물론 외부적 요인을 말하는 건 아니에요. 그냥 둘이 함께 있으면 부족함이 없게 느껴져요."

"쌍둥이 불꽃의 특징이 뭔지 아세요? 좋고 나쁜 걸 반반 씩 사이좋게 나눠 가지면 얼마나 좋겠어요. 그게 안 된다는 거예요. 한쪽은 좋은 걸 대부분 가지고 있고 나머지 한쪽은 안 좋은 걸 대부분 가지고 있다네요. 그래서 남들이 볼 땐 왜 저렇게 잘난 사람이 저렇게 못난 사람을 만나나 그렇게 보기 십상이래요. 왜 주변에도 그런 커플들 있잖아요."

그녀는 나의 설명이 신기하면서도 자신의 경우와 맞는다 고 생각했는지 격한 공감을 했다.

"이 설명을 들으니 정말 딱 우리 두 사람이네요. 미안하 게도 그 사람이 안 좋은 걸 많이 가진 사람이겠죠?"

"제가 볼 땐 그렇습니다."

어쩔 수 없이 인정할 건 인정하고 가야 한다. 사주적인 구 성으로도 그렇지만 그냥 딱 조건만 봐도 그녀가 좋은 걸 많 이 가지고 있는 반쪽의 불꽃이었다.

"소울메이트는 한 명 이상일 수도 있지만 쌍둥이 불꽃은 이 세상 오직 한 명이래요. 그래서 일단 만나면 헤어지기도 힘들고 헤어질 경우는 어느 누구도 그 사람의 빈자릴 채우 지 못한다네요."

"영화나 드라마 보면요 이해가 안 되는 부분이 그거였어요. 그 사람 아니면 안 된다는 거요. 저런 게 가능할까? 어차피 인생은 혼자 왔다 혼자 가는 건데 이렇게 생각했는데 이 사람 만나고 나서 그런 드라마 주인공들을 조금 이해하기 시작했네요."

그녀에게 그 남자는 밉거나 초라해도 버릴 수 없는 또 다른 자신이었다.

"선생님 너무 감사해요. 덕분에 궁금증이 완전히 해소됐어요. 앞으로 또 얼마나 속을 썩어야 할지는 모르겠지만 그 사람을 왜 만나게 되었는지에 대해서는 확실히 알았으니까요. 미운 짓을 해도 덜 밉겠네요. 그냥 내 것을 반 나눠 준다 생각하면 될까요?"

"아니 무슨 자선 사업하시게요?"

"네?"

당신이 그렇게 하라면서의 표정으로 날 쳐다보았다.

"아무리 하나의 영혼에서 분리된 존재라고 해도 엄연히 지금 현실에서는 각각의 인격체인 거예요. 그 분은 그 분의 삶을 살고 자신의 카르마를 또 갚아 나가야지요. 두 분이 그런 사이로 만났다고 해도 그 오랜 세월 떨어져 있으면서 지었던 그 분의 오래 묵은 카르마는 그 분이 해소해야죠. 힘들 때 도와줄 수는 있어도 의존하게 만들진 마세요. 그건 그 분을 도와주는 게 아니에요."

"아 그렇겠네요. 제가 생각이 짧았어요."

"그런 엄마들 있죠, 아이가 할 일을 엄마가 다 해줘 버려서 막상 아이는 엄마가 없으면 아무것도 못 하게 만드는 엄마들이요. 아이가 엄마에게 의존하게 만들고 엄마가 없으면 불안해하고. 그게 결국 누구를 위해 좋은 거라고 생각하세요? 그것도 일종의 정신병이라고 하더라고요. 자신의 존재감을 그렇게라도 확인받고 싶은 사람들이 그렇게 한다네요. 그 분도 아차 하면 그런 아이들이 될 수 있는 점이 있어요. 그리고 한번 해주기 시작하면 끝도 없이 바랄 거고요. 그때는 정말 원수지간이 되는 거예요."

그녀는 교장선생님의 훈화 말씀을 듣는 학생처럼 경건하게 나의 이야기를 경청했다.

"절대로 공적인 활동에 대한 것은 분리하세요. 가령 식당을 함께 경영한다거나 하는 건 절대 금물이에요. 그 분이 하는 일이 힘들더라도 금전적으로는 선을 그으세요. 그거 못 하시면 두 사람 다 무너질 수가 있어요. 아시겠죠?"

"네 명심할게요. 그렇게 되면 돈도 잃고 사람도 잃고 뭐 그런 게 되는 건가요?"

"네 바로 그거예요."

"팔자에 없는 애기를 키우는 거 같네요. 늦은 애기요. 에 휴, 제 팔자도 참…"

"아마 그 과정을 통해 분명 더 성장하시게 될 걸요? 본래 그릇이 크신 분인데 스스로가 그걸 모르시는 거 같아요. 욕 심도 별로 없으신 거 같고요."

"저요?"

"네. 욕심 없으시죠?"

그녀는 한참을 생각하는 듯했다. 자신이 그렇게 욕심이 없어 보이는 사람이었나 싶은 표정이다.

"저 나름 욕심 있는데요, 하하하. 어떤 뉘앙스인지 느낌 은 와요. 제가 그 사람을 금전적으로 도와주기 위해서가 아 니라 제 스스로가 더 성장하면 도움을 줄 수 있는 방법도 더 많은 거겠죠?"

"네 차라리 그렇게 생각하세요. 책임질 사람이 생기면 어 깨가 무거워지기도 하지만 그렇게 해서 성장하는 사람들이 분명히 있어요. 그 성장의 결과는 결국 본인 거죠. 대신 그

분을 만나서 자유로워지는 경험을 하면서 영혼을 이완하는 건 아주 좋은 음양의 이치를 실천하는 거예요. 그 분께는 그런 역할을 해주는 것만으로 감사하다 생각하세요. 또 실수를 할 수도 있지만 그 분도 그런 과정을 통해 성장하겠죠. 좀 더 멀리 그리고 크게 보고 가세요."

여전히 이 분은 사업적인 문제로 그리고 여전히 속을 썩이는 이 남자 때문에 종종 나를 찾아온다. 사업 확장에 전보다 더 신경 쓰고 있었다. 무엇보다 남자의 일거수일투족에 크게 신경을 쓰지 않는 눈치였다. 어딜 가나 자신만 한 여자를 만나기 힘들다는 것을 이미 그녀는 알고 있었고, 그 남자 또한 그 사실을 깨달았다고 한다.

하지만 여전히 손이 많이 가는 남자라 한 번씩 나에게 원망을 털어놓고 가곤 했다. 그러면서도 한편으로는 이렇게 말을 한다.

"이 남자가 없었으면 제 삶이 얼마나 무미건조했을까 싶어요. 돈만 벌면서 살았을 거 같거든요. 돈은 내가 벌 테니 계속해서 내가 살아 있다는 걸 확인시켜 줬으면 좋겠어요."

그렇다. 이 세상 사람들 누구에게나 잘하는 거 한 가지씩은 있는 법이다.

❊❁❊

나는 언제나 글의 주변을 서성이고 있었다

예고를 졸업하고 문창과에 진학한 조카의 글을 읽은 적이 있다. 그 아이의 사주를 보면 글을 잘 쓸 성분이 다분하긴 했지만, 어릴 때부터 까탈스러운 요즘 애들의 모습만을 봐왔던 나로서는 놀라지 않을 수가 없었다. 생각이 철학적이라고 행동까지 그러라는 법은 없지만, 늘 언니에게 투정부리던 꼬맹이에게서는 나오기 불가한 단어와 문장들이 수두룩했다. 아, 이런 재능은 타고나는 거구나 싶었다. 거기에서 더 갈고닦아 위대한 글쟁이가 되는 것은 본인의 노력여하에 달렸겠지만 말이다.

중학교 시절, 내겐 조금 특별한 노트 한 권이 있었다. 그 노트에는 지금 본다면 얼굴이 화끈거려 검은 봉지로 얼굴을 가리고 싶은 유치찬란한 연애소설 몇 편이 적혀 있었다. 시간 날 때 마다 끄적이던 습작이었는데, 이야기의 대부분은 우연히 만난 남녀가 사랑을 하다 두 사람 중 한 명이 불치의 병에 걸려 죽는다는 내용이었다. 한 친구가 그 노트에 적힌 글을 읽고 재밌다며 계속 써줄 것을 부탁했고 그 이후로 반 친구들은 그 노트에 쓴 단편소설을 돌려 가면서 읽곤 했다.

지금처럼 볼 것이 넘쳐나는 시대에는 상상도 못 할 일이었지만, 그 시절 나의 노트는 반 아이들에게 꽤나 인기 있는 연재물이었다. 그럴 생각도 없었지만 결코 문학적으로 승화되지 못한 끄적거림 이상도 이하도 아닌 것들이었다. 작가가 되겠다는 거창한 꿈은 없었다. 그저 글을 쓴다는 행위 자체가 주는 카타르시스가 꽤나 매력적이라고 느꼈던 것 같다. 나 혼자 보려고 꽁꽁 숨겨 두고 쓰지 않은 것을 보면 누군가 나를 읽어 주고 인정해 주길 바라는 관종의 기질도 엿보였다.

그 당시 내가 주변 아이들에게 특이하게 비춰졌던 점은, 또래의 아이들이 해피엔딩의 이야기를 좋아하는 것과 달리

나는 새드엔딩을 선호했다는 점이다. 인생이 결코 해피엔딩이 될 수 없다는 것을 태생적으로 알고 있어서 그랬을 수도 있지만, 더 큰 이유는 슬픈 결말이 훨씬 더 미학적으로 뛰어나다 생각했기 때문이었다. 사랑만 해도 그렇다. 이루어지지 못한 채로 끝나는 이야기의 여운이 읽는 사람의 가슴에 더 오래 기억될 것은 분명하기 때문이다.

아이들은 제발 주인공을 죽이지 말고 두 사람의 사랑이 이루어지길 내게 개인적으로 또는 집단적으로 부탁했지만 나는 들어주지 않았다. 주인공의 죽음은 실제적인 육체의 기능 정지라기보다는 상징적인 사랑의 미완성 또는 상실 등을 의미했다. 사랑이라는 것이 슬퍼서 아름다운 미완의 존재로 남길 바랐나 보다. 그래야 수천 년 수만 년이 흐른 다음에도 여전히 사람들의 예술혼을 불타오르게 하는 뮤즈로서의 역할을 할 수 있지 않겠는가 하는 생각에서였을 것이다. 어린 나이에 이런 장황한 설명은 비록 못 하였지만 말이다.

고등학교 시절에는 시와 수필을 쓰는 문학 동아리에 들어가 활동했으나 글에 대한 열정이 남달랐던 것도 실력이 탁월했던 것도 아니었다. 원래 다른 동아리에 들어가고 싶었으나 뜻대로 안 되는 바람에 들어가게 된 곳이 거기였다. 수필은 어느 정도 노력해 볼만 했지만 시는 역부족이었다. 그때 처음으로 나의 감수성에 대해 절망했다. 물론 시라는 것이 감수성만으로 쓰는 것은 아니지만 나에겐 말랑한 뭔가가 결핍되어 있었다. 지금 와서 내 사주를 보니 충분히 이해할 만했다.

대학에 들어가니 글하고는 더 멀어지는 듯했다. 글을 잘 써서 탁월한 재능을 드러냈던 경험을 한 것도 아니요, 그렇다고 글 쓰는 작업이 주는 매력에 푹 빠져 보지도 못했다. 때문에 글은 나하고는 가까이 할 수 없는 그대인가 보다 생각했다. 무엇보다 글로 풀어낼 만한 오랜 시간 서서히 쌓여 압축된 응어리가 부재했다. 그것은 나만의 철학일 수도 있고 나만의 경험일 수도 있고 나만의 감수성일 수도 있다. 내겐 그런 것들이 부족했다. 타고난 재능도 물론 부족했다.

하지만 글을 잘 쓰는 작가들의 작품을 읽으면 부러움과 질투를 동시에 느꼈다. 그들은 선택받은 존재들 같았다. 성공한 작품들이 모두 훌륭한 작품인 것은 아니지만, 그런 작품들을 볼 때면 신이 그들의 손을 빌려 세상에 하고 싶은 이야기를 한 것은 아닐까 하는 생각도 했다. 신의 선택을 받지 못한 나 자신이 아무것도 아닌 존재 같아 초라함을 느꼈다.

무엇보다 자신 안의 에너지를 태워서 세상 밖으로 끄집어낼 무기가 있다는 것이 부러웠다. 물론 글 쓰는 직업 자체를 부러워한 것은 아니었다. 평생 직업으로 글을 쓴다는 것이 어떨지는 상상만으로도 충분히 고통스럽기 때문이다. 그렇게 글을 쓰고 싶다는 작은 불씨는 활활 타오를 기회조차도 얻지 못하고 사그라들었다. 그러나 완전히 사라진 것은 아니었다.

내 안의 불씨가 산소를 공급받아 조금씩 살아나기 시작한 것은 인문학 공부에 한참 빠져 있을 때였다. 어느 날 문득 스스로에게 묻기 시작했다.

"무얼 하면서 생을 마감하고 싶은가?"

당장 먹고살기 위해 무엇을 할 것인가에 대해 생각하니 답이 안 나오길래 차라리 궁극의 목적성에 무게를 두기로 했다. 그 목적을 향해 가다 보면 그 중간과정은 점들 또는 선들에 의해 연결되지 않을까 싶었던 것이다.

답은 쉽게 얻어지지 않았다. 하기야 평생을 두고 찾아도 힘든 것이 사명인지 숙명인지 또는 소명인지 하는 녀석 아니겠는가. 그래도 애타게 찾고 또 찾았다. 돌이켜 보면 그때가 그것을 찾는 타이밍이었다. 내가 이 세상에 태어난 이유가 단지 '배불리 먹고 잘 입고 잘 자고'는 아니길 바라는 마음에서였다. 아니 그게 어때서 그러느냐고 묻는다면, 그냥 나는 거기에만 만족할 수 없는 인간이기 때문이라고 답하고 싶다. 우열을 가리는 문제는 아니었다.

그렇게 묻기를 몇 달이 지날 무렵 답이 노크를 해왔다. 오랜 갈급 끝에 주어진 계시 같은 한 문장이었다.

"공부하고 글 쓰면서 생을 마감하고 싶다!"

동시에 책으로 둘러싸인 낡은 서재의 책상에 앉아 자판을 두드리고 있는 장면이 떠올랐다. 이것은 내 의식이 만들어 낸 장면이 아니었다. 영상과 자막이 동시에 제공되는 동영상처럼 두 가지는 손잡고 내게로 온 아이들이었다. 언제부터 내 속에 있었던 것일까. 내가 불러주기를 얼마나 기다리고 있었던 것일까.

명리학을 배우고 얼마 뒤에 내가 왜 명리학을 공부하는지에 대해서 글을 써보라는 권유를 받았다. 맨 정신으로는 살아가기 힘든 나날이었는데 그 와중에 유일하게 내가 잡고 있는 줄이 명리학이었다. 내 인생에서 내려주기만을 고

대했던 동아줄이 그것이라고 생각했다. 그도 그럴 것이 아무리 마음이 심란하고 머리가 복잡해도 명리학을 공부하고 있을 때면 세상의 힘듦으로부터 날 지켜 주는 보호막이 작동되는 듯했다. 그 보호막 안에서는 한없이 응석을 부려도 되는 아이가 된 느낌이었다.

인간의 체온으로는 결코 채울 수 없는 근본적인 외로움과 결핍을 느꼈던 나였다. 평생 나를 채울 수 있는 존재를 찾아 헤맸지만 결국 깨달은 것은 그 대상이 인간은 아니라는 사실이었다. 외부로부터 내 결핍을 채우려는 게 문제였다. 내 안의 변화를 거치지 않고서는 그 어떤 것도 소용이 없는, 손으로 쥐면 틈 사이로 빠지는 모래알과 같다는 것을 깨달았다. 그 과정은 명리학과 함께 왔다.

명리학은 내게 단순히 학문만은 아니다. 억겁의 세월 동안 나와 인연이 되었던 사람들의 영혼을 연결시켜 주어 그들로 하여금 내가 가는 길에 작은 불빛을 비추어 주게끔 한 소통의 도구였다. 또한 등을 토닥거려 준 든든한 동반자이자 응원자였다. 너는 충분히 보호받고 있고 사랑받고 있다는 것을 알려 줄 방법으로 그들은 나를 명리학 공부의 길로 이끌었다.

나의 궁극의 목적은 명리학을 공부해서 명리학의 대가가 되는 것이 아니란 것을 알고 있다. 내가 보이지 않는 우주의 존재와 소통할 수 있게 해준 수단이 명리학이었다면, 나의 소명을 깨닫게 해준 중간 통로 역시 명리학이었다. 나의 소명은 바로 내가 깨달은 바를 말과 글로써 다른 사람들에게 전달하는 것이었다. 개인적으로는 나의 에너지를 활활 태울 수 있고 몰입할 수 있는 나만의 것을 찾은 셈이다. 통로가 되었든 목적이 되었든 글은 내가 평생 찾아 헤매던 나의 반쪽이었다.

✽✿✽

나의 성공을
예언해 준 그녀

그녀는 참으로 조근조근 여성스러운 말투를 사용하는 사람이었다.

"선생님은 최대한 객관적으로 사주 설명을 해주시네요. 어떤 분들은 자기 주관적인 해석이 너무 들어가던데요."

그녀는 이미 다른 곳에서 사주를 본 경험이 꽤 있는 사람처럼 말을 했다.

"아 그래요? 저는 일단 제가 학문적으로 배운 지식을 우선시해요. 그리고 그에 대한 해석을 가급적 중립적으로 하려고 노력하는데 그 점을 잘 봐주셨네요."

칭찬으로 받아들였다.

말투는 여성스러웠으나 사주는 범상치 않았다.

"30대 중반쯤 큰 변화가 한 번쯤 있었을 거 같은데 건강 쪽 아니면 직업 쪽 아니면 둘 다였을 수도요."

그녀의 사주의 월지*와 일지*가 서로 충하는 기운이었고 마침 대운에 한 번 더 부딪히는 기운이 들어왔던 것이 그때였다.

"사주에 수기운이 너무 부족한데 엎친 데 덮친 격으로 수를 극하는 토기운은 너무 많아요. 혈부족은 기본이고 순환도 잘 되지 않을 거 같네요. 이럴 경우 여성 질환이 많이 발생하는데... 자궁 어때요?"

"그때 자궁암으로 수술했어요. 보통 사람들과는 조금 다른 길을 갔다가 다시 돌아왔고요."

그녀에게도 많은 사연이 있었구나 싶었다.

"제 인생도 참 우여곡절이 많아요. 사주가 많이 특이한가요?"

"백호살*과 괴강살*이 나란히 붙어 있으니 범상치는 않죠. 게다가 생명의 토와 죽음의 토가 서로 맞붙어 있어서 인생이 가을에서 갑자기 봄으로 태세전환을 하는 모습이네요."

그녀는 그제야 봄의 인생을 사는 사람이었다.

그녀는 자신의 사주에 있는 살에 대해서 조금 더 자세히 알아보고 싶은 눈치였다.

"선생님, 백호살이랑 괴강살이 센 살이라는 건 많이 들어서 아는데요, 그런 살들이 사주에 있으면 나쁜 거예요? 좋단 소리는 못 들은 거 같아서요."

"좋다, 나쁘다의 이분법으로 볼 문제는 아닌 거 같아요. 물론 센 살이 많으면 편하게 살기는 조금 쉽지 않기는 해요. 자기 몸에 살기가 흐른다는 소리가 되는데, 그 살기가 타인에게 가면 타인을 해롭게 하지만 자신에게 끼치면 자신의 몸이 아프거나 자해로 나타나거든요."

그녀는 내게서 자신의 센 살에 관한 이야기를 듣더니 문득 생각나는 사건이 있다고 했다.

"저는 누가 먼저 건들지 않으면 얌전한 사람이에요. 먼저 피해를 주려고도 하지 않고요."

그녀 말대로 그녀는 예의와 경우가 바른 사람처럼 보였다. 몇 분간의 대화를 통해 내가 그녀를 다 알 수는 없겠으나 보이는 이미지는 그랬다. 사주를 보기 이전과 보고 난 이후에 이미지가 달라지는 사람들이 상당히 많다. 그녀도 여기에 속하는 사람 중 하나였다.

"중학교 때 일인데요, 제 앞에 앉은 여자애가 자꾸 저를 짜증 나게 하더라고요. 사람 성질 슬슬 건드리는 사람들 있잖아요. 깐족거리면서."

"딱 싫죠. 한 대 때리고 싶은 사람들!"

그녀의 말에 동의를 했다.

"선생님은 갑자기 확 돌아서 눈에 아무것도 안 보이는 경험 한 적 있으세요?"

아무리 생각해도 나는 뒷일을 먼저 생각하는 타입이라 아무것도 안 보이는 경험은 눈을 감을 때 말고는 한 적이 없었다.

"아니요. 저는 아무리 화가 나도 뒷일이 먼저 걱정돼서 큰 사고를 못 치는 사람이에요."

그녀는 웃으며 말했다.

"그러실 거 같으세요."

"제 앞에 앉았다는 그 여자애가 어떤 말을 했는데 내용은 기억 안 나요. 아마 그 얘길 듣고 제가 돌아서 눈에 아무것도 안 보였던 기억은 나지만요."

순간 의아했다. 이렇게 순하게 생기고 말을 조근조근하

게 하는 여성이 눈에 아무것도 안 보일 정도로 돌면 무슨 일을 저지르는 걸까? 그 순간 아는 지인의 일이 생각났다. 그 분도 괴강살이 있었는데 자신의 감정을 건드리는 일이 생기면 순간적으로 확 돌면서 폭력적으로 변하기도 했다. 그 작은 몸에서 어떻게 그런 힘이 나오는지 놀랐던 기억이 났다.

"주먹이라도 나갔나요? 아니면 뺨을 갈기셨나?"

내 수준에서 생각할 수 있는 깐족에 대한 최고의 응징이었다.

"그 정돈 귀엽죠."

음... 갑자기 그녀가 살짝 무서워지기 시작했다. 하지만 대답을 듣기 전의 무서움과 듣고 나서의 무서움은 종류가 다른 것이었다.

"손에 든 샤프로 그 여자 애의 손등을 찍어 버렸어요."

으아... 내 심장이 지르는 비명소리가 입 밖으로는 본연의 모습을 드러내지 못하고 단지 "어머나!"라는 외마디 비명으로 소심하게 마무리되었다.

"백호살과 괴강살이 서로 충을 하고 있고 일간*도 센 경금이고 바로 옆에 편관이 붙어 있으니 한번 터지면 폭발성이 강하긴 할 거예요. 그런데 이론으로만 공부하다 실례를 접하니 놀라우면서도 확 느낌이 전해져 오네요."

상담을 하면서 내 이론을 적용하며 그 이론이 맞아 들어가는 것을 보며 명리학도로서의 자부심과 경이로움을 경험하기도 하지만, 반대로 손님들의 이야기를 들으면서 내 이론을 보완하고 강화시키기도 한다. 그런 면에서 손님들과 주고받는 모든 이야기는 다 명리학적인 공부가 되는 것이다. 책만 많이 본다고 명리학을 제대로 이해하는 것은 아니란 소리다. 명리학을 제대로 공부하려면 사람에게 관심을 많이 가져야 한다.

그녀는 내게 타로를 배우고 싶다고 했다.

"그런데 선생님, 여기에서 오래 하실 거예요?"

타로를 배우고 싶다더니 갑자기 그 질문을 왜 하는지 의아했다.

"갑자기 왜요?"

그녀는 시원하게 답을 하지 못하고 주저하는 눈치였다.

"아니 그냥요. 여기 가겟세 비싸죠?"

사실 그때 그 장소에서 계속 일을 해야 하나의 문제로 고민하고 있을 때였다. 가겟세가 너무 비싸서 고민 중에 있었다. 그런데 그녀는 왜 그 질문을 한 것일까? 내내 의문이었다.

그녀가 타로를 배우기 시작하고 몇 주 후에 드디어 의문이 풀릴 시점이 왔다.

"선생님 제가 처음에 타로 배우겠다고 할 때요, 여기서 오래하실 거냐고 물었잖아요. 기억하세요?"

"네 기억해요. 뜬금없긴 했지만 이유가 내내 궁금했어요."

비밀통로의 자물쇠를 열 듯 그녀는 조심스럽게 대답했다.

"왜 물었냐면요, 이 가게가 비어 있는 것이 보였거든요."

그 대답을 듣는데 머리카락이 쭈뼛 서는 느낌이었다. 내 무의식이 그녀를 향해 열린 걸까 싶기도 했다. 아니지 그녀는 그녀의 영혼의 눈에 보이는 대로 본 거겠지. 그걸 내게 읽어 줬을 뿐.

"진짜요? 세가 너무 비싸서 유지가 힘들 거 같긴 해요. 코로나 때문에 내려줬는데도 너무 비싸요. 아무래도 옮기긴 해야 될 거 같긴 한데... 제가 원체 엉덩이가 무거운 타입이라..."

한번 정을 붙이면 옮기는 것을 좋아하지 않는지라 유지가 힘들어도 그 가게를 고집하고 있던 참이었다. 지인 중에서 가게를 옮기라고 귀띔해 준 사람도 몇 명 있었다. 그런 데도 불구하고 쓸데없는 고집을 부리고 앉아 있는 꼴이었다. 그런 내가 한심해 보였던 걸까? 그녀가 박아 준 쐐기 덕에 나도 생각을 바꾸기 시작했다. 그렇잖아도 그 해가 내게 상관*이 들어오는 해라서 앉은 자리에 변화를 줄 시기인 것을 이미 알고 있기도 했다.

결국 몇 달 뒤 그 가게와의 인연은 끝이 났다. 그녀가 보았던 빈 공간이 현실화된 것이었다. 그 뒤의 향방에 대해서도 그녀와 논의를 해보았지만, 결국 자신의 인생은 자신의 결정에 따르는 것이 가장 좋다는 것을 다시 한 번 확인한 셈이었다. 그녀가 추천해 준 상가 자리가 있었으나 내가 그 자리와 인연이 안 되려나 일이 계획대로 풀리지 않았다. 또한 내 마음이 공개된 장소에서 사람을 만나는 것을 꺼린다는 것도 알게 되었다. 나는 마음을 비우고 물 흐르듯이 살아보기로 했다.

가게를 뺄 무렵 그녀가 나를 찾아왔다.

"이미 알고 계시겠지만 저는 일반인들이 보지 못하는 것들을 보는 능력이 있어요. 지금은 아니지만 나중에는 이런 능력을 살려 사람들에게 도움을 주는 일을 하고 싶긴 해요.

선생님한테 타로 배우길 정말 잘한 거 같아요. 타로도 일반
인들보다 더 잘 맞추는 거 같거든요."

"타고나길 그렇게 태어났으니까요. 그래도 자신의 앞은
잘 모르겠죠?"

"네 맞아요. 다른 사람들 것은 잘 보이는데 제 인생에 대
해서는 잘 모르겠어요."

"자신에 대한 공부는 차분히 명리학을 공부해 가면서 알
아가도록 하세요. 타인의 인생을 잘 맞춰서 도움을 주는 것
도 중요하지만 결국 인생은 자신의 길을 찾는 여행이잖아
요. 자신이 주인공인데요."

그녀는 알겠다는 듯이 고개를 끄덕였다. 그러고는 비장
의 선물이라도 할 듯이 입을 열었다.

"제가 뭐가 보인다고 이야기를 하나 해주면 귀찮게 물어
보는 사람들이 많아서 웬만하면 보인다는 얘길 안 해요. 제
가 해주고 싶은 사람한테만 해주거든요. 선생님한테는 해
주고 싶은 이야기가 있어요."

나는 그녀의 성은을 입은 것 같아 일단은 기뻤다. 누구든
타인에게 주지 않는 걸 자신에게만 준다면 어찌 기쁘지 않
겠는가.

"영광이네요. 무슨 이야기일까요?"

자신의 미래에 대한 이야기는 나쁜 것만 아니라면 언제든 반가운 법이다. 나쁜 이야기를 굳이 시간 내서 해주려고 하진 않겠지라는 마음으로 그녀의 다음 이야기를 기다렸다.

"선생님은 51살이 되는 해에 인정받으실 거예요."

내가 그녀와 만남을 이어 가던 때가 코로나가 터지던 2020년 경자년이었다. 당시 내 나이는 47세였다.

"4년 뒤네요? 너무 멀지는 않아서 다행이에요. 중요한 건 인정을 받는다는 사실이네요. 너무 고마워요."

올해 내 나이 50이다. 그녀의 예언이 이루어지기까지 1년 남았다.

* **월지** 사주의 네 기둥 중 태어날 달의 기둥을 월주라고 한다. 월주의 윗글자는 하늘의 기운으로 월간이라 하고 아랫글자는 땅의 기운으로 월지라고 한다.

* **일지** 사주의 네 기둥 중 태어날 날의 기둥을 일주라고 한다. 일주의 윗글자는 하늘의 기운으로 일간이라 하고 아랫글자는 땅의 기운으로 일지라고 한다.

* **백호살** 살기를 가진 살로 자신에게 향하면 몸이 아프고 타인에게 향하면 타인에게 해를 끼칠 수 있다. 센 살을 가진 사람들은 직업적인 측면에서 살을 풀어 나가는 방법이 가장 좋다. 즉, 센 살을 가진 사람은 직업도 센 직업이 맞다.

* **괴강살** 우두머리의 자질을 가진 살로 긍정적으로 발현되면 좋지만 그렇지 않을 경우는 센 살의 단점인 포악성이 발현될 수 있다.

* **일간** 사주의 네 기둥 중 태어날 날의 기둥을 일주라고 한다. 일주의 윗글자를 하늘의 기운으로 일간이라고 한다.

* **상관** 원래 의미는 '관(정관)을 상하게 한다'라는 뜻으로, 과거에는 안정된 틀을 깬다고 해서 흉살로 치부되었다. 여자들의 경우 상관이 강하면 남편과의 사이가 좋지 않거나 남녀 모두 직장생활을 하기에 쉽지 않은 것은 사실이다. 그러나 요즘처럼 자신을 드러내는 것이 긍정적으로 작용하는 시대에는 오히려 강점이 될 수 있다. 다만 정인이 있어 상관을 잘 다스리면서 사용해야 빛을 발할 수 있다. 상관이 들어오는 시기에 직장을 관두거나 이동하는 경우가 많다.

불확실성에
기꺼이 머무는 용기

중요한 결정을 내려야 할 때마다 참고하는 타로 카드가 있다. 사상가 오쇼 라즈니쉬의 제자들이 그의 사상을 기반으로 만든 오쇼젠 타로가 바로 그것이다. 명리학을 배우고 나서 내 인생의 흐름을 어느 정도는 예상할 수 있었지만 그럼에도 불구하고 마음의 평화를 얻기란 쉽지 않았다. 그때 나를 위로해 준 존재가 바로 오쇼였다. 그의 사상을 접하고 타로를 공부했다.

사람과 물건 사이에도 에너지가 통한다는 말을 믿는다. 공부를 할수록 어떤 타로 카드보다도 오쇼젠 타로에 대한 애착이 생겨나기 시작했다. 그 이유는 현상을 넘어서 그 이면에 대해서 생각하게 함으로써 인식의 확장을 가능하도록 해주기 때문이다. 이 세상에 좋고 나쁨이 따로 존재하는 것이 아니라는, 명리학에서 이야기하는 음양의 이론과 상당히 맞닿아 있었다. 글을 마감하고 나서 갑자기 궁금해졌다. 그래서 두 가지 질문을 던져 보았다.

첫 번째는 '이 책이 나에게 주는 것은 무엇인가?'였다. 세 장을 뽑았는데 세 카드 모두 수의 기운과 관련된 카드들이었다. 수의 기운은 감정과 관련된 것들이 주된 키워드인데 또 다른 측면은 '정화'의 의미를 갖는다. 세 카드의 키워드는 다음과 같았다

이해(understanding), 조화(harmony), 수용(receptivity).

이 책을 쓰면서 나를 이해하게 되었고 머리와 가슴이 따로 작용하는 것이 아닌 서로가 소통하는 조화를 이루게 되면서 마침내 나 자신을 받아들일 수 있게 되었다. 한마디로 내 영혼의 정화 과정이 이루어진 셈이었다. 세 카드를 뽑고 나열을 한 순간 마치 오쇼가 그동안의 나를 쭉 지켜봐 온 사람처럼 느껴져 울컥했다. 카드가 잘 맞을 경우에는 거짓

말 같기도 하고 소름이 끼치기도 하는데, 이번 경우에는 감동이 밀려왔다.

두 번째는 '이 책이 내 인생에서 갖는 의미는 무엇인가?'였다. 첫 번째 질문의 답이 모두 수기운의 카드들이었다면 이번에는 다른 양상의 카드들이 나왔다. 세 카드의 키워드는 다음과 같았다

용기(courage), 순간에서 순간으로(moment to moment), 성숙(maturity).

오쇼는 자신의 책 『용기』에서 이렇게 말한다.

"자유는 두려움을 만들어 내고 그 두려움은 불확실성에 기인한다. 인생의 본질은 불확실성이다. 용기란 그 불확실성에 기꺼이 머물러 있고자 하는 것이다."

'용기'의 카드 그림을 보면 척박한 바위틈 사이에 민들레가 한 송이 피어 있다. 초라하고 보잘것없어 보이지만, 스스로의 존재에 대해서 부끄러워하지 않는다면 밝은 태양과 같이 빛나는 존재라고 오쇼는 말한다.

'순간에서 순간으로'의 카드에서 오쇼가 말하고 싶은 것

은 다음과 같다.

"현재란 황금의 문이다. 지금 여기는 황금의 문이다. 당신은 욕망하지 않을 때(어떤 성취나 권력, 돈, 명예 심지어 깨달음에 대해서조차)만이 비로소 현재에 머무를 수 있다. 왜냐하면 모든 욕망은 당신을 미래로 이끌기 때문이다."

글을 쓰는 순간순간에 나는 머물렀고 그 곳이 바로 황금의 문이었던 것이다.

'성숙'의 카드를 뽑았다는 것은, 지금 이 순간이 선물과도 같다는 것을 의미한다. 힘든 일이 끝나고 자신의 내면이 단단해지고 성공과 행운이 따를 것이라는 것도 의미한다. 내 인생에서 이 책을 쓰는 순간이 선물이었고 그 뒤로 내게 좋은 기회들이 올 것이라는 의미로 해석하고 싶다. 그에 덧붙여 풀과 꽃의 차이는 당신이 부처란 것을 모르는 것과 그 사실을 아는 것의 차이라는 말도 나온다. 그 차이를 깨닫는 순간이 성숙해지는 시기가 아닐까 싶다. 내게는 영적인 봄이 찾아온 것인지도 모르겠다.

이 책을 쓰는 데 도움을 주신 모든 이들에게 감사한다. 이 글을 읽는 모든 분들께도 영혼의 정화와 영적인 봄을 경험할 기회가 있기를 바라는 마음이다.

계획된 우연

명리학이 건네는 위로

글 화탁지
발행일 2023년 6월 30일 초판 1쇄

발행처 다반
발행인 노승현
책임편집 민이언
출판등록 제2011-08호(2011년 1월 20일)
주소 서울특별시 마포구 양화로81 H스퀘어 320호
전화 02-868-4979 팩스 : 02-868-4978

이메일 davanbook@naver.com
홈페이지 davanbook.modoo.at
블로그 blog.naver.com/davanbook
포스트 post.naver.com/davanbook
인스타그램 @davanbook

ISBN 979-11-85264-69-1 03180